KB107154

일본에 가신다고요?
당신의 거침없는 일본어! 이 책이 몽땅 디자인해 드립니다!!!!

생생 현장 일본어

-초급에서 중급까지 하늘이 일본가다!!!!!!!!!!!-

제이앤씨
Publishing Corporation

 지난 4반세기부터 대한민국에는 글로벌시대, 국제화시대라는 거센 질풍노도와 같은 바람이 강타하면서 외국어 공부 붐이 일기 시작한 이래, 21세기에 들어선 현재는 그 열기가 더욱 뜨거워지며 이젠 외국어 한 두 개쯤 못하면 명함도 못 내미는 시대가 되고 말았다.

 일본어에 대한 열풍도 여기에서 예외일 수는 없다. 이 시대적인 열기에 편승하여 온갖 형형색색의 책들이 자신만이 소비자의 기호에 부응할 것이며 유일한 대안이라고 기염을 토하며 등장했다가는 <그 나물에 그 밥인>, 혹은 <그게 그거인> 신세로 전락한 채, 결국에는 거대한 책 더미 속으로 파묻혀 버려 그 이름조차 발견할 수 없는 예를 수없이 보아왔다.

 그리고 우후죽순처럼 출판되어 해일처럼 서점가에 범람하는 몰개성, 무취향의 일본어 교재의 홍수는 여전히 진행형이다. 그럴 때마다 필자들은 절박한 심정을 느끼지 않을 수 없었다. 그것은 다름 아닌, 기초 일본어교재도 목적이나 의도에 따라서 세분화되어야 한다는 당위성이었다. 이 교재는 바로 이런 취지에서 생겨난 것이다. 일본어교재 출판의 러시 속에서 일본유학이나 일본취업 등 일본에서 생활을 해야 하는 사람들에게 필수 불가결한 일본어를 제공하는 교재가 아직 출판되지 않았다는 것은 이 교재 출현의 필요조건일 것이고 현재 일본에서 사용되는 언어나 어휘의 망라는 이 교재 출현의 충분조건일 것이다.

상기의 그런 여망을 고스란히 담은 본 교재의 특징은 다음과 같다.

1. 이 교재는 학습자가 가까운 장래에 일본에서 생활한다는 전제아래서 일본생활에 포커스를 맞춰 집필하였다. 따라서 현대 일본 언어생활에서 예상되는 언어 패턴과 어휘를 망라하였으며 빈번하게 사용되는 관용표현과 속담 등도 다루었고 심지어는 몇몇 주요지방의 사투리까지 표준어휘와 비교하여 실었다. 이것은 어디까지나 이 교재 학습자가 일본에서의 생활에 아무런 불편이 없도록 하기 위한 목적과 의도에서 나온 배려임을 밝힌다.

2. 자칫 내용상의 진부함을 극복하기 위하여 딱딱한 내용을 유머로 마무리하려고 노력하였다.

3. 상기의 내용을 살리다 보면 다소 소홀해지기 쉬운 대우표현 등의 교과서적인 표현방법에도 신경을 썼다. 이를 여러 방에 담아 공부하기 쉽도록 했다.

4. 기초 문법의 내용 중에서 꼭 필요한 부분은 알아보기 쉽도록 일목요연하게 정리했으며 특히 동사, 형용사, 형용동사, 조동사, 부사, 조사 등은 빈출되는 어휘를 중심으로 망라했다.

5. 한국인에게 흔히 일어나는 발음 문제 등을 지적하여 설명했다.

6. 다양한 배려를 담다보니 학습서가 두꺼워졌으므로 부록을 별책으로 하여 학습자가 사용하기에 편하도록 배려하였다.

아무튼 필자들이 일본어를 교수하는 중에 필요성을 절감하여 만든 교재이니 만큼 학습자들이 이 교재를 통하여 일본생활에 좀 더 신속하고 확실하게 적응하는데 작으나마 보탬이 되었으면 하는 바람이다. 아울러 학습자들의 이 교재 학습 중 불편했다거나 요구할 사항이나 따끔한 질책이 있으면 언제든지 해주시길 바란다. 이 책은 학습자들의 뜨거운 관심과 아낌없는 충고로 계속 진화하기를 갈망하고 있다. 학습자들의 건투를 비는 바이다.

2008년 2월 행당 캠퍼스에서 저자 일동

생생 현장 일본어 목차

・ 머리말 / 002

第1課	文字と発音① 清音，濁音，半濁音	006
第2課	文字と発音② 拗音，促音，長音，撥音	010
第3課	はじめまして。	014
第4課	コーヒーはありますか。	020
第5課	入国目的は何ですか。	026
第6課	これもあなたの荷物ですか。	032
第7課	切符売り場はどこですか。	038
第8課	もう少し安い部屋はありませんか。	044
第9課	ちょっと派手じゃないですか。	052
第10課	韓国から来ました。	058
第11課	友だちになってください。	064
第12課	お昼を一緒に食べませんか。	070
第13課	遅刻はしないでください。	076
第14課	家族と住んでいます。	082
第15課	留学生も入部することができますか。	088

4 생생 현장 일본어

01 文字と発音①

もじ はつ おん

清音・濁音・半濁音
せい おん　だく おん　はん だく おん

글자와 발음① 청음, 탁음, 반탁음

자, 드디어 일본어 공부를 시작해봅시다.

우선, 일본어를 배우기 위해서는 글자와 발음을 알아 두어야겠죠.

한국에서도 한글과 한자를 병용하듯이 일본에서도 한자와 히라가나, 카타카나라는 세 가지 글자를 같이 쓰고 표기를 합니다. 예를 들어,

위의 문장을 보세요. 이 중 「トマト」는 카타카나, 「は」「です」는 히라가나, 「野菜」는 보시다시피 한자죠.

이렇듯 주로 카타카나는 외래어나 의태어·의성어를, 히라가나는 조사나 어미를, 한자는 의미어나 단어의 어간을 표기하는 데 사용됩니다.

단, '한자만 보면 토할 것 같다'는 사람도, 기본적인 회화는 일단 히라가나와 카타카나를 배우면 가능하니까 걱정 마세요.

자, 이제 하나씩 하나씩 편안한 마음으로 배워나갑시다.

ひらがな 히라가나

히라가나는 일본어에서 가장 기본이 되는 글자이며, 9세기경(헤이안[平安] 시대)에 한자 초서체를 본떠서 만들어진 글자로써, 당시에는 여성들이 많이 사용했었습니다. 현재는 한자 발음을 표기할 때도 그렇고, 단어의 어미나 조사 등 가장 많이 사용되는 글자입니다.

행\단	**あ**행	**か**행	**さ**행	**た**행	**な**행	**は**행	**ま**행	**や**행	**ら**행	**わ**행	
あ단	あ a	か ka	さ sa	た ta	な na	は ha	ま ma	や ya	ら ra	わ wa	ん n
い단	い i	き ki	し shi	ち chi	に ni	ひ hi	み mi		り ri		
う단	う u	く ku	す su	つ tsu	ぬ nu	ふ hu	む mu	ゆ yu	る ru		
え단	え e	け ke	せ se	て te	ね ne	へ he	め me		れ re		
お단	お o	こ ko	そ so	と to	の no	ほ ho	も mo	よ yo	ろ ro	を wo	

위의 「～행」「～단」의 표는 앞으로도 많이 사용하게 되므로 꼭 이해해둡시다. 예컨대 「か행」의 「う단」은 뭘까요? 「く」죠? 이런 식입니다. 행은 10개 단은 5개라는 사실도 확인가능하죠?

れんしゅう 연습

すし 초밥   さけ 술   とんかつ 돈가스   つめきり 손톱깎이

たくあん 단무지   よんさま 욘사마

행 단	が행	ざ행	だ행	ば행
あ단	が ga	ざ za	だ da	ば ba
い단	ぎ gi	じ zi	ぢ zi	び bi
う단	ぐ gu	す zu	づ zu	ぶ bu
え단	げ ge	ぜ ze	で ze	べ be
お단	ご go	ぞ zo	ど do	ぼ bo

濁音 탁음

濁音이란 글자 그대로 '탁해진 음'이며, 「ﾞ」으로 표기됩니다. 단, 탁음화될 수 있는 발음은 20개로 한정되어 있으며, 그 내용은 왼쪽 표와 같습니다.

✎れんしゅう 연습

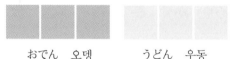

おでん 오뎅　　　うどん 우동

おげんきですか 건강하십니까?

わりばし 나무젓가락　　たまねぎ 양파

행 단	ぱ행
あ단	ぱ pa
い단	ぴ pi
う단	ぷ pu
え단	ぺ pe
お단	ぽ po

半濁音 반탁음

반탁음은 「ﾟ」로 표기되며, は행에만 적용됩니다. は행에 이 「ﾟ」표시가 붙으면 は행의 자음 [h]발음이 모두 [p]가 됩니다.

✎れんしゅう 연습

※아래 단어들은 원래는 카타카나로 표기하는 단어들입니다.

ぺん 펜　　ぱいぷ 파이프　　ぽんぺい 폼페이

ぴかぴか 반짝반짝

 **カタカナ** 카타카나

카타카나는 주로 외래어나 의성어, 의태어를 표기할 때 사용하는 글자이며, 이것 역시 한자를 본떠서(阿→ア, 伊→イ 등) 헤이안 시대에 발단된 글자입니다. 모양과 쓰임새는 히라가나와 다르지만 발음은 똑 같습니다.

행 / 단	あ행	か행	さ행	た행	な행	は행	ま행	や행	ら행	わ행	
あ단	ア a	カ ka	サ sa	タ ta	ナ na	ハ ha	マ ma	ヤ ya	ラ ra	ワ wa	ン n
い단	イ i	キ ki	シ shi	チ chi	ニ ni	ヒ hi	ミ mi		リ ri		
う단	ウ u	ク ku	ス su	ツ tsu	ヌ nu	フ hu	ム mu	ユ yu	ル ru		
え단	エ e	ケ ke	セ se	テ te	ネ ne	ヘ he	メ me		レ re		
お단	オ o	コ ko	ソ so	ト to	ネ no	ホ ho	モ mo	ヨ yo	ロ ro	ヲ wo	

✏️ れんしゅう 연습

ピザ 피자   バナナ 바나나   ソウル 서울   ベルリン 베를린

ポルトガル(포르투갈)

サンクトペテルブルグ(상트 뻬쩨르부르그)

文字と発音②

拗音, 促音, 長音, 撥音

요오옹, 소쿠옹, 쵸오옹, 하츠옹

자, 이 과만 배우면 일본어의 기본적인 글자와 발음은 끝입니다. 쉽죠?

여기서는 拗音, 促音, 長音이라는 것에 대해 배워봅시다.

1. 拗音

요오옹이란 아래 표와 같이 き, し 등의 イ段글자 뒤에 작은 ヤ行 や·ゆ·よ가
붙은 것입니다.

예컨대 き[ki]+や[ya]는 きゃ[kya]가 되고, み[mi]+ゆ[yu]는 みゅ[myu]가 되는 것입니
다. 그리고 아래 표를 보면 아시겠지만 이 요오옹은 か～ら행의 い단에만 적용됩니다.

清音 청음							濁音 탁음			半濁音 반탁음
きゃ kya	しゃ sya	ちゃ cha	にゃ nya	ひゃ hya	みゃ mya	りゃ rya	ぎゃ gya	じゃ zya	びゃ bya	ぴゃ pya
きゅ kyu	しゅ syu	ちゅ chu	にゅ nyu	ひゅ hyu	みゅ myu	りゅ ryu	ぎゅ gyu	じゅ zyu	びゅ byu	ぴゅ pyu
きょ kyo	しょ syo	ちょ cho	にょ nyo	ひょ hyo	みょ myo	りょ ryo	ぎょ gyo	じょ zyo	びょ byo	ぴょ pyo

✎ れんしゅう 연습

しゃぶしゃぶ(샤브샤브) コチュジャン(고추장)

としょかん(도서관) りょうり(요리)

ミョンドン(명동)

2. 促音 ^{そく}^{おん}

소쿠옹은 작은 「つ」로 표기되는 발음이입니다.

이 작은 「つ」가 か행 앞에 오면 ㄱ 받침처럼, さ행 앞에 오면 ㅅ 받침처럼, た행 앞에 오면 ㄷ 받침처럼 그리고 ぱ행 앞에 오면 ㅂ 받침처럼 발음됩니다.

예를 들어 다음과 같습니다.

예 つ+「か」행 = ㄱ

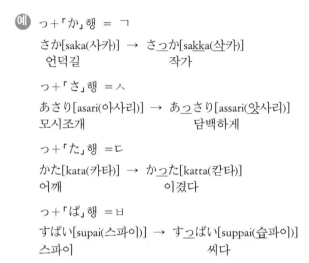

さか[saka(사카)] → さっか[sakka(삭카)]
언덕길　　　　　　　작가

つ+「さ」행 = ㅅ
あさり[asari(아사리)] → あっさり[assari(앗사리)]
모시조개　　　　　　　담백하게

つ+「た」행 = ㄷ
かた[kata(카타)] → かった[katta(칸타)]
어깨　　　　　　　이겼다

つ+「ぱ」행 = ㅂ
すぱい[supai(스파이)] → すっぱい[suppai(습파이)]
스파이　　　　　　　　씨다

✎ れんしゅう 연습

いっぱい　많이, 한잔　　　ちょっと　조금, 잠깐

ヒップホップ 힙팝　　　　ロック　락　　　タッチ　터치

3. 長音 ^{ちょう}^{おん} 장음

쵸오옹은 이름 그대로 길게 발음되는 것입니다. 이 장음은 '발음'과 '표기'면에서 각각 주의해야 할 것이 있습니다. 우선, 발음하는 요령부터 배워 봅시다.

11

1. あ단 + あ	おか**あ**さん(어머니)	→ おかーさん
2. い단 + い	おに**い**さん(형, 오빠)	→ おにーさん
3. う단 + う	<u>ゆ**う**がた</u>(저녁)	→ ゆーがた
4. え단 + い・え	せん**せい**(선생님)	→ せんせー
	おね**え**さん(누나, 언니)	→ おねーさん
5. お단 + う・お	おと**う**さん(아버지)	→ おとーさん
	こ**お**る(얼다)	→ こーる

위의 표를 보시다시피, 대부분의 장음은 자연스럽게 읽기만 하면 되는데, 「おとうさん」같은 경우에는 「오토우상」이 아니라 「오토오상」처럼 발음해야 하므로 주의해야 합니다. 그리고 <u>우리 한국 사람이 장음을 발음할 때 가장 주의해야 할 것은 생각보다 길게 발음해야 한다는 것입니다.</u> 우리가 '이 정도면 되겠지'하는 정도의 길이로 발음하면, 대부분의 경우 일본사람들이 듣기에는 짧게 들립니다.
심지어는 의미가 바뀔 때도 있습니다. 예를 들어봅시다.

おじいさん

이것은 '할아버지'라는 뜻인데, 만약 이것을 짧게 「おじさん」이라고 발음하면 '아저씨'라는 뜻이 됩니다. 따라서 「おじいさん」이라고 발음할 때에는 느낌으로는 「오지이 이상」정도의 길이로 발음하는 것이 좋습니다.

다음으로, 표기를 할 때 주의해야 할 것은, 이 장음은 <u>ひらがな와 カタカナ에서 표기법에 차이가 있다는 점입니다.</u> カタカナ에서는 길게 발음하는 부분을 「サッカー」(축구)처럼 「ー」로 표기합니다. 이 「ー」표기는 ひらがな에서는 원칙적으로 사용하지 않습니다(방금 제시했던 표에서는 편의상 사용했을 뿐입니다).

몇 번이나 강조를 합니다만 이 장음은 어째든 의식적으로 길게 발음하는 것이 좋으며, 「ー」표시를 보면 「ー」가 두 개정도 있는 느낌으로 발음하도록 해보세요.

✎れんしゅう 연습

コーヒー　커피　　　　コンピューター 컴퓨터

モーターショー 모터쇼　　　　チョコレート 초콜릿

スーパーマーケット 슈퍼마켓

4. 撥音

일본사람들이 한국어를 배울 때, 가장 어려워하는 발음 중의 하나가 바로 ㄴ, ㅇ, ㅁ 발음의 구별입니다. 그 이유는 일본어에서는 이 발음들은 모두 「ん」하나로 표기되며, 「ん」뒤에 무슨 음이 오는지에 따라서 일본사람들은 무의식적으로 이들의 발음을 구별해서 발음하기 때문입니다. 이 「ん」뒤에 무슨 음이 오는지에 따라서 「ん」의 발음이 달라지는 것을 撥音(はつおん)이라고 합니다. 그 규칙은 다음과 같습니다.

1. ん ＋ ま・ば・ぱ행　　　　　　　→ m/ㅁ
さんま[samma, 삼마] がんばる[gambaru, 감바르] かんぱい[kampai, 캄파이] 꽁치　　　　　　　힘내다　　　　　　건배
2. ん ＋ さ・ざ・た・だ・な・ら행　　→ n/ㄴ
かんさい[kansai, 칸사이] いんたい[intai, 인타이] あんない[annai, 안나이] 관서지방　　　　　　은퇴　　　　　　안내
3. ん ＋ あ・か・が・や・わ행　　　　→ ng(ŋ)/ㅇ
はんい[haŋi, 항이] こんや[koŋya, 콩야] でんわ[deŋwa, 뎅와] 범위　　　　오늘밤　　　　전화

또한, 문장 마지막에 「ん」가 왔을 경우에는 대부분 「ㅇ[ŋ]」으로 발음됩니다.

예 あのー、木村さん。
　　ano: kimurasang
　　아노오　키무라상

03 はじめまして。

みなさんといっしょに日本へ旅立つ主人公を紹介します。
여러분과 함께 일본으로 떠나는 주인공을 소개합니다.

はじめまして!わたしはパク・ハヌルです。よろしくおねがいします。

あだ名は ハヌちゃんです。もちろん韓国人です。

城東女子大学 日本語学科 2年生です。

実家は釜山、趣味はカラオケ、特技は料理です。

好きな芸能人は 翔クン♡、将来の夢は 通訳, 彼氏は 募集中です。

座右の銘は「千里の道も一歩から」です。

あなたの お名前は なんですか?

わたしは ＿＿＿＿＿＿＿＿＿ です。

카타카나로 써봅시다.

じゃあ ＿＿＿＿＿＿ さん、わたしと 日本へレッツゴー!

카타카나로 써봅시다.

◉ 어구해설방

はじめまして 처음 뵙겠습니다		わたし 저 は ～은/는	です 입니다
よろしくおねがいします 잘 부탁합니다		あだ名 애칭, 닉네임	もちろん 물론
韓国人 한국인	女子大学 여자대학	日本語 일본어	学科 학과
2年生 2학년	実家 친정·고향(国)의 뜻으로도 쓰임		趣味 취미
カラオケ 노래방	特技 특기	料理 요리	好きな 좋아하는
芸能人 연예인	将来の夢 장래 꿈	通訳 통역	彼氏 남자 친구
募集中 모집 중	座右の銘 좌우명	千里の道も一歩から 천리 길도 한 걸음부터.	
あなた 당신, 그대 ～の ～의		名前 이름	お名前 성함
何 무엇 ～ですか 입니까?		じゃあ 그럼 ～さん ～씨 ～と ～와/과	
～へ ～(으)로[방향] レッツゴー Let's go			

助動詞 조동사

〜です 〜でしょう

1. 의미

　〜입니다 〜일 것입니다.

2. 접속

〜です(~입니다.)	〜でしょう(~일 것입니다.)
명사/조사(の・から・など・ばかり)	활용어의 종지형

3. 활용표

基本形	未然形	連用形	終止形	連体形	仮定形	命令形
です	でしょ	でし	です	(です)	×	×
접속어	う	た	から・が・けれども	ので・のに	×	×

4. 활용용례

활　용	활용형	해　석
韓国人でしょう。	未然形	한국인일 것입니다.
韓国人でした。	連用形	한국인이었습니다.
韓国人です。	終止形	한국인입니다.
韓国人ですので。	連体形	한국인이기 때문에
韓国人ですのに。		한국인데도

~하고 말았다… 다음엔…

1 わたしは○○○です.　　　　저는 ○○○입니다

① 会社員　　　　　　　　② フリーター

③ 学生　　　　　　　　　④ 韓国人

2 私の専攻は○○○です.　　　제 전공은 ○○○입니다.

① デザイン　　　　　　　② 児童教育

③ 法律学　　　　　　　　④ 社会学

3 趣味は○○○です.　　　　　취미는 ○○○입니다.

① 読書　　　　　　　　　② ドラマ鑑賞

③ おしゃべり　　　　　　④ 散歩

4 特技は○○○です.　　　　　특기는 ○○○입니다.

① インターネット　　　　② 料理

③ ピアノ　　　　　　　　④ カラオケ

5 好きな○○○は ○○○です.　좋아하는 ○○○은 ○○○입니다.

① 芸能人・キンキ　　　　② 漫画・NANA

③ アニメ・ワンピース　　④ ドラマ・花より男子

6 将来の夢は「〇〇〇」です。　　　장래의 꿈은 「〇〇〇」입니다.

① 翻訳家　　　　　　　　　② 観光ガイド

③ スチュワーデス　　　　　④ 日本の企業で働くこと

7 座右の銘は「〇〇〇」です。　　左우명은 「〇〇〇」입니다.

① 一日一善　　　　　　　　② 人のふりみて我がふり直せ

③ 石の上にも三年　　　　　④ 一期一会

📷 오사카 요도야바시(大阪·淀屋橋)

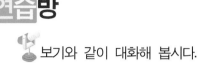

 보기와 같이 대화해 봅시다.

보기

Q	韓国人ですか。
➡ **A1**	はい、韓国人です。
➡ **A2**	いいえ、韓国人じゃありません。

Q	**A1**	**A2**
スチュワーデスですか。		
会社員ですか。		
フリーターですか。		
学生ですか。		
芸能人ですか。		

基本的なあいさつ

おはようございます。 　　　　안녕하십니까? (아침)

こんにちは。 　　　　　　　　안녕하십니까? (낮, 해가 지기 전)

こんばんは。 　　　　　　　　안녕하십니까? (저녁, 해가 진 후)

ありがとうございます。 　　감사합니다.

すみません。 　　　　　　　　미안합니다. / 실례합니다. / 여기요

授業で使う言葉

〜先生　〜선생님 / 〜교수님 　　　　〜さん　〜씨

教室　교실 　　　　　　　　　　　　　教科書　교과서

はじめます。시작합니다. 　　　　　　　出席をとります。　출석을 부릅니다.

(遅刻 지각 / 早退 조퇴 / 欠席 결석 / 休学 휴학) します(합니다).

読んでください。읽어주세요 　　　　聞いてください。들어주세요

書いてください。써주세요. 　　　　　もう一度。다시 한번.

一緒に　같이 　　　　　　　　　　　　おわります。마칩니다.

ありがとうございました。감사합니다(과거형).

失礼します。실례하겠습니다.

04 コーヒーはありますか。

さあ、日本行きの飛行機に乗りました。

이제 일본에 가는 비행기를 탔습니다.

ハヌル	すみません。私の席に他の人がいます。
客室乗務員	お客様の座席番号は窓側のB番ですから、その方の隣の席です。
ハヌル	ああ、わかりました。
ハヌル	すみません、何か飲み物はありますか。
客室乗務員	はい、あります。
ハヌル	何がありますか。
客室乗務員	お茶、ジュース…

ハヌル	カーピはありますか。
客室乗務員	カーピ???? ああ、コーヒーですか。あります。
ハヌル	ビルもありますか。
客室乗務員	ビル？ ああ、ビールですか。 ありますよ。
ハヌル	それじゃあ、コーヒーとビールをください。
	それから、酔い止め薬はありませんか。
客室乗務員	はい、あります。
ハヌル	それもお願いします。

⊙ 어구해설방

すみません 미안합니다('여기요'의 뜻으로도 쓰임)	席 자리	他の人 다른 사람
お客様 손님	座席番号 좌석번호	窓側 창가 측	B番 B번
~から (이)니라	その 그	方 분	隣 이웃, 옆
わかりました 알겠습니다	何か 뭔가	飲み物 마실 것	あります(か) 있습니다(까)
何が 무엇이	お茶 차	ジュース 음료수	コーヒー 커피
ビル 빌딩	ビール 맥주	~よ 상대가 모르는 사실에 대해 강조하는 어미
それじゃあ 그럼(회화체)	ください 주세요	それから 그리고(회화체) 酔い止め薬 멀미약
ありません(か) 없습니다(까) ~も ~도	お願いします 부탁합니다

あります・います

주어 (S:사물, 식물)	あります(か)	있습니다(까)
	ありません(か)	없습니다(까)
주어 (S:사람, 동물)	います(か)	있습니다(까)
	いません(か)	없습니다(까)
주어 (모두 가능)	では(じゃ)ありません。	가(이)아닙니다.

 일본어는 단어의 박자가 매우 중요하다.
혼히 한국 사람이 틀리기 쉬운 발음의 오용례는 다음과 같다.

1. 장음과 단음의 구별

　　　ビル(빌딩)　　　　　　　　ビール(맥주)
　　　おばさん(아줌마)　　　　　おばあさん(할머니)
　　　底(바닥)　　　　　　　　　倉庫(창고)
　　　小阪(사람이름)　　　　　　大阪(지명)

2. 한국인이 일본어를 발음할 때, 둘째음절의 ハ行의 발음이 약해질 수 있기 때문에
주의하자.

　예　けいひん 景品(경품)　　　　コーヒー(커피)
　　　ごはん(밥)　　　　　　　　たいへんだ 大変だ(큰일이다, 힘들다)

1 명사 + ～です(か)。　　　～입니다(까)

① 通路側 [つうろがわ]　　② 窓側 [まどがわ]

③ 非常口 [ひじょうぐち]　　④ 搭乗口 [とうじょうぐち]

2 명사 + ではありません。　　～이(가)아닙니다

① シートベルト　　② 飛行機 [ひこうき]

③ 非常口 [ひじょうぐち]　　④ 搭乗口 [とうじょうぐち]

3 명사(사물) + は あNますOす(か)。　　～은(는) 있습니다(까)

① 入国申告書 [にゅうこくしんこくしょ]　　② イヤホン

③ 搭乗券 [とうじょうけん]　　④ パスポート

4 명사(사물) + はありません。　　～은(는)없습니다

① ソフトドリンク　　② 氷 [こおり]

③ 焼酎 [しょうちゅう]　　④ 毛布 [もうふ]

5 명사(사람, 동물) + は～います(か)。　　～은(는)～ 있습니다(까)

① 客室乗務員 [きゃくしつじょうむいん]・飛行機 [ひこうき]に　　② ペット・ここに

③ 韓国人 [かんこくじん]・あそこに　　④ スチュワーデス・空港 [くうこう]に

6 명사(사람, 동물) + は～にはいません。　　～은(는)없습니다

① 日本人 [にほんじん]・飛行機 [ひこうき]に　　② 配偶者 [はいぐうしゃ]・ここに

③ 同伴者 [どうはんしゃ]・あそこに　　④ スチュワーデス・空港 [くうこう]に

7 　~と~をください。　　　　~와~를 주십시오

❶ ビール・コーヒー

❷ 毛布・イヤホン

❸ 入国申告書・日本の新聞

❹ 赤ワイン・紅茶

◉ 비행기 내부

보기와 같이 대화해 봅시다.

보기

Q1 何か飲み物はありますか。(뭔가 마실 것이 있나요?)
➡ **A1** はい、あります。(예 있습니다.)
Q2 何がありますか。(뭐가 있나요?)
➡ **A2** お茶やジュースなどがあります。(녹차나 쥬스 등이 있습니다.)

Q1	A1	Q2	A2
食べ物(먹거리)			そば・とんかつ
乗り物(탈거리)			飛行機・電車
読み物(읽을 거리)			新聞・雑誌
機内食(기내식)			パン・お弁当

05 入国目的は何ですか。

ついに日本到着！入国審査場に向かいます。
드디어 일본 도착! 입국심사장으로 갑니다.

入国審査官	こちらへ どうぞ。パスポートを お願いします。
	どちらからですか。
ハヌル	かんごくからです。
入国審査官	監獄(かんごく)??ああ、韓国(かんこく)ですね。
	入国目的は何ですか。お仕事ですか。
ハヌル	いいえ、にゅうがくです。
入国審査官	入学ですか?
ハヌル	あ、いいえ、留学です。
入国審査官	滞在予定は?
ハヌル	はい?
入国審査官	滞・在・予・定は?
ハヌル	ああ、2年間です。

🔊 어구해설방

こちら 이쪽	どちら 어느 쪽(어디)	どうぞ 뭔가를 권하거나 양보할 때 쓰는 말
パスポート 여권	から 에서/부터	監獄 감옥　～ね ～군요/네요
入国目的 입국 목적	(お)仕事 일(business), 직업	入学 입학　　　　留学 유학
滞在予定 체류기간	2年間 2년간	

품사	근칭	중칭	원칭	부정칭
지시대명사	ここ(여기)	そこ(거기)	あそこ저기)	どこ(어디)
지시대명사	こちら(이쪽)	そちら(그쪽)	あちら(저쪽)	どちら(어느쪽)
부 사	こう(이렇게)	そう(그렇게)	ああ(저렇게)	どう(어떻게)
연 체 사	この(이)	その(그)	あの(저)	どの(어느)
형용동사	こんなだ(이런)	そんなだ(그런)	あんなだ(저런)	どんなだ(어떤)

 <かんこく>의 발음을 한국인들의 습관상 나중음절인 カ行에 탁음이 되면 <カンゴク>가 되어 韓国가 아니라 <監獄>가 되는 점에 유의해야 한다.

숫자 읽기

1 いち	2 に	3 さん	4 し、よん	5 ご
6 ろく	7 しち、なな	8 はち	9 く、きゅう	10 じゅう
11 じゅういち	12 じゅうに	13 じゅうさん	14 じゅうし	15 じゅうご
16 じゅうろく	17 じゅうしち	18 じゅうはち	19 じゅうく	20 にじゅう
30 さんじゅう	40 よんじゅう	50 ごじゅう	60 ろくじゅう	70 ななじゅう

100 ひゃく	200 にひゃく	300 さんびゃく	400 よんひゃく	500 ごひゃく
600 ろっぴゃく	700 ななひゃく	800 はっぴゃく	900 きゅうひゃく	1000 せん
2000 にせん	3000 さんぜん	10000 いちまん	10000 じゅうまん	1000000 ひゃくまん
10000000 いっせんまん	100000000 いちおく	0 ぜろ、れい		

시점과 기간에 관한 표현

1. 시점

朝 아침	昼 낮	夕方 저녁	夜 밤	夜中 심야	早朝 조조
昨日 어제	今日 오늘	明日 내일	先週 지난 주	今週 이번 주	来週 다음 주
先月 지난 달	今月 이번 달	来月 다음 달	去年 작년	今年 올해	来年 내년

2. 요일

日曜日 일요일	月曜日 월요일	火曜日 화요일	水曜日 수요일	木曜日 목요일	金曜日 금요일	土曜日 토요일	何曜日 무슨 요일

3. 년

1年	2年	3年	4年	5年	6年	7年	8年
9年	10年	1000年	10000年	1989年	何年		

※ '~년간'이라고 할 경우에는 '年' 뒤에 '間'(간)을 붙여 「~年間」이라고 하면 된다.
(3년간 : 3年間)

4. 월/개월

1月/1ヶ月	2月/2ヶ月	3月/3ヶ月	4月/4ヶ月	5月/5ヶ月	6月/6ヶ月
7月/7ヶ月	8月/8ヶ月	9月/9ヶ月	10月/10ヶ月	11月/11ヶ月	12月/12ヶ月
何月/何ヶ月					

※ 칠한 부분은 '~월'과 '~개월'이라고 할 때 숫자 부분의 발음이 달라지는 것을 나타낸 것이다.

※ '~주일'은 '~개월'과 같은 요령으로 숫자 뒤에 「週間」(주일)을 붙이면 된다. (1주일: 1週間)

5. 날짜

ついたち 1日	ふつか 2日	みっか 3日	よっか 4日	いつか 5日	むいか 6日	なのか 7日
ようか 8日	ここのか 9日	とおか 10日	じゅう いち にち 11日	じゅう に にち 12日	じゅう さん にち 13日	じゅう よっか 14日
じゅう ご にち 15日	じゅう ろく にち 16日	じゅう なな にち 17日	じゅう はち にち 18日	じゅう く にち 19日	はつか 20日	にじゅういちにち 21日
にじゅうににち 22日	にじゅうさんにち 23日	にじゅうよっか 24日	にじゅうごにち 25日	にじゅうろくにち 26日	にじゅうななにち 27日	にじゅうはちにち 28日
にじゅうくにち 29日	さんじゅうにち 30日	さんじゅういちにち 31日	なん にち 何日(며칠)			

※ 칠한 부분은 보통 숫자 읽기와 다르게 발음하는 것을 나타낸 것이다.

◉ 칸사이 국제공항(関西国際空港)

1 すみませんが、〜は 何処(どちら)ですか。미안합니다만,〜은 어디입니까

① トイレ
② 乗り継ぎ
③ 滞在先
④ 連絡先

2 〜は何ですか。　　　　　　〜은 무엇입니까?

① 入国目的
② それ・これ・あれ
③ こちら・そちら・あちら

3 〜はいつからいつまでですか。　〜은 언제부터 언제까지인가요?

① 滞在期間
② 訪問期間
③ ワーキングホリデー
④ 出張

4 〜です。　　　　　　　　〜입니다.

① 3ヶ月
② 10日間
③ 来週の火曜日まで
④ 明後日まで
⑤ 来月の7日まで
⑥ 5月3日まで

5 〜ははじめてですか。 〜은(는) 처음입니까?

① 日本
② 日本料理
③ 温泉
④ スキー

🎤 다음과 같이 대화해 봅시다.

(こちら)へ どうぞ。	(パスポート)を お願いします。
そちら	手続き 수속
あちら	入国審査 입국심사

Q	A
入国目的は何ですか。 (입국목적은?)	(仕事)です。
	観光 관광
	留学 유학
	ワーキングホリデー 워킹 홀리데이
	出張 출장

Q	A
滞在予定は。 (체재예정은?)	(2年間)です。
	3ヶ月
	一週間
	十日間

Q	A
(あれ)は何ですか。 (저건 무엇입니까?)	(あれ)は(キャッシュコーナー)です。
これ	パスポート
それ	ビザ
あれ	人形

Q	A
(トイレ)はどこですか。 (화장실은 어디입니까?)	(トイレ)は(こちら)です。
キャッシュコーナー	キャッシュコーナー・こちら
搭乗口	搭乗口・そちら
電車乗り場	電車乗り場・あちら

06 これもあなたの荷物ですか。

手荷物を持って、税関を通ります。

수하물을 찾고, 세관을 통과합니다.

係官	あなたの 荷物は どれですか。
ハヌル	これだけです。
係官	荷物は それだけですか。
	それも あなたの 荷物では ありませんか。
ハヌル	いいえ、これは 私の 荷物じゃ ありません。

おばさん	あ、すみません。そのかばんは、私のです。
係官	その 箱の 中身は 何ですか。
おばさん	どの箱ですか? ああ、これですか。
	この箱の中身は、本とコチュジャンです。
係官	コチュジャン? 何ですか。
おばさん	韓国の唐辛子みそです。
係官	その人形は あなたのですか。
おばさん	人形では ありません！私のお守りです。

◎ 어구해설방

係官 담당관	あなた 당신	荷物 짐	これ 이것
それ 그것	あれ 저것	どれ 어느 것	だけ 만, 뿐
おばさん 아줌마	この 이	その 그	あの 저
どの 어느	～の 것	箱 상자, 박스	本 책
唐辛子 고추	みそ 장, 된장	人形 인형	お守り 부적
では(じゃ)ありません ～가 아닙니다			

자칭	대칭	타 칭			부정칭
		근칭	중칭	원칭	
わたし(나, 저) ぼく(나, 남성어) おれ(나, 남성어)	あなた(당신) おまえ(너) きみ(자네)	このひと (이사람) このかた (이분)	そのひと (그사람) そのかた (그분)	あのひと (저사람) あのかた (저분)	どのひと(누구) どのかた(어느분) どなた(さま)

◎ 나리타 공항(成田空港)

1 これはあなたの～ですか。 　　　이것은 당신의 ～입니까?

① 手荷物　　　　　　　② スーツケース

③ 税関申告書　　　　　④ トラベラーズチェック

2 はい、それは私の～です。 　　　네, 그것은 나의 ～입니다.

① 手荷物　　　　　　　② スーツケース

③ 税関申告書　　　　　④ トラベラーズチェック

3 その～はあなたのですか。 　　　그 ～은 당신의 것입니까?

① 香水　　　　　　　　② 化粧品

③ 小切手　　　　　　　④ かばん

4 この～はわたしのではありません。 이 ～은(는)내 것이 아닙니다.

① カート　　　　　　　② ノートパソコン

③ 箱　　　　　　　　　④ 紙袋

5 私の～がありません。 　　　제 ～이 없습니다.

① 荷物　　　　　　　　② 財布

③ パスポート　　　　　④ コート

보기와 같이 대화해 봅시다.

보기

Q　(この人形(にんぎょう))は(あなたの)ですか。

➡ **A**　いいえ、(その人形(にんぎょう))は(わたし)のではありません。

Q	A
そのかばん・わたしの	いいえ、
この小切手(こぎって)・あなた	いいえ、
あの税関申告書(ぜいかんしんこくしょ)・あのひとの	いいえ、

Q　(それ)も(あなた)の(荷物(にもつ))ですか。

➡ **A**　はい、(これ)も(わたし)の(荷物(にもつ))です。

Q	A
あれ・あなた・スーツケース	はい、
これ・あのひと・手荷物(てにもつ)	はい、
それ・あなた・かばん	はい、

バイト(アルバイト, 아르바이트)

フリーター(フリーアルバイター, 취업을 안 하고 아르바이트만 하고 생활하는 사람)

ニート(NEET; Not in Education, Employment or Training. 원래는 영국에서 태어난 말. 만15~34살의
　　　사람 중 학교를 안 다니고, 일도 안 하고, 하려고 하지도 않고, 집안 일도 안 하는 사람. 즉
　　　아무것도 하지 않는 사람.)

ネットカフェ(インターネットカフェ, PC방)　　コンビニ(コンビニエンスストア, 편의점)

マック[東京]·マクド[大阪](マクドナルド, 맥도날드)

セブン[東京]·イレブン[大阪](セブンイレブン, 세븐일레븐)　　ファミマ(ファミリーマート, 훼미리마트)

ファミレス(ファミリーレストラン, 패밀리 레스토랑)

ミスド(ミスタードーナツ, 미스터 도넛)　　スタバ(スターバックス, 스타벅스)

オーラ(aura, 후광. 사람이 발하는 독특한 분위기, 주로 카리스마적인 분위기)

オタク(마니아. 원래는 방[宅＝댁]에 틀어박혀서 만화나 애니메이션 등 취미생활에 빠져 있는 모습
　　　을 가리켜서 쓴 말이었는데, 요즘은 마니아 자체를 가리키는 말로서 쓴다)

コスプレ(コスチュームプレイ, 코스튬 플레이)

キャラ(キャラクター, 캐릭터. 개성·성격)

メルアド, メアド(e メールアドレス, e메일 주소)

セクハラ(セクシュアル·ハラスメント, 성희롱)

スイーツ(sweets, 디저트 류)　　スッチー(スチュワーデス, 스튜어디스)

ストーカー(스토커)　　ジコチュー(自己中心的, 자기중심적, 이기적)

ドタキャン(土壇場キャンセル, 약속을 막판(土壇場)에 취소하는 것)

すっぴん(맨얼굴)　　きもい(気持ち悪い, 징그럽다)

うざい(성가시다)　　ダサい(촌스럽다)

ググる(Google로 검색하다)　　コクる(告白する, 고백하다)

サボる(サボタージュ[sabotage]する, 땡땡이치다)

ジコる(事故に遭う, 사고를 당하다)　　むかつく(짜증이 나다)

キレる(切れる, 뚜껑이 열리다)　　KY(空気読めない, 분위기 파악을 못 하다)

AY(頭弱い, 머리가 약하다[나쁘다])　　OL(Office Lady, 여자 회사원)

07 切符売り場は どこですか。

電車に乗って市内へ出ます。
전철을 타고 시내로 갑니다.

ハヌル　　すみません、最寄りの電車の駅は どこですか。

おじさん1　あそこです。公衆電話の前です。 ここには ありません。

ハヌル　　すみません、切符売り場は どこに ありますか。

おじさん2　あちらです。

ハヌル　　ポス乗り場は どこに ありますか。

おじさん3　ポスって 何ですか??…もしかして バスですか。

ハヌル　　はいはい、そうです。バスです。

おじさん3　バス乗り場は　あそこに
　　　　　　あります。あのコンビニ
　　　　　　の横です。

ハヌル　　右ですか。

おじさん3　右じゃなくて、左です。

ハヌル　　ありがとうございます。

◉ 어구해설방

電車 전철	駅 역	切符売り場 표 사는 곳	ここ 여기
そこ 거기	あそこ 저기	どこ 어디	おじさん 아저씨
公衆電話 공중전화	前 앞	には 에는	バス 버스
乗り場 타는 곳	って 란	もしかして 혹시	そうです 그렇습니다
売店 매점	横 옆	右 오른쪽	左 왼쪽
じゃなくて 이(가) 아니라			

格助詞

が

주 어	雨が降る。	비가 내린다.
	そうしたほうがいい。	그러는 편이 낫겠다.
대상	ピアノがほしい。	피아노를 갖고 싶다.
	映画が見たい。	영화를 보고 싶다.
	音楽が好きだ。	음악을 좋아한다.
	理科が苦手だ	수학, 과학이 취약하다.
	運動が得意だ。	운동을 잘 한다.
	漢字が読める。	한자를 읽을 수 있다.

を

동작 대상	本を読む。	책을 읽다.
동작 기점	家を出かける。	집을 나서다.
동작 방향	海を向く。	바다를 향하다.
동작 장소	廊下を走る。	복도를 달리다.
경과 시간	3年間を日本で過ごした。	3년간을 일본에서 보내다.

に

존재장소	バス乗り場はあそこにある。	버스정류장은 저기에 있다.
시각	3時に行きます。	3시에 갑니다.
귀착점	成田に着いた。	나리타에 도착했다.
동작목적	見物に行った。	구경하러 갔다.
동작대상	友だちに聞く。	친구에게 묻다.
동작내용	横目に見る。	곁눈자로 보다.
비교기준	彼に似ている。	그를 닮았다.
이유	あまりの悲しさに泣いた。	너무나 슬퍼 울었다.
수동동사의 주체	父に死なれた。	아버지를 여의었다.
사역 동작의 주체	子供に勉強させた。	아이를 공부시켰다.
병립・첨가	泣きに泣いた。	울고 또 울었다.

って			
인 용=と	2時に行こうって約束した。	2시에 가자고 약속했다.
인 용=という	ラピートって何ですか。	라피토란 무엇인가요?
인 용=といって	寂しいって文句を言ったよ。	외롭다고 투덜댔다.

助動詞 조동사

～だ

1. 의미

　～이다

2. 활용표

基本形	未然形	連用形	終止形	連体形	仮定形	命令形
だ	だろ	だっ、で(じゃ)	だ	(な)	なら	×
접속어	う	た、ある、ない	끝	ので・のに	×	×

3. 활용용례

활　　용	활용형	해　　석
あれは特急だろう。	未然形	저건 특급일 것이다.
あれは特急だった。	連用形	저건 특급이었다.
あれは特急では(じゃ)ない。		저건 특급이 아니다.
あれは特急だ。	終止形	저건 특급이다.
あれは特急なのに。	連体形	저건 특급인데.
あれは特急ならば	仮定形	저건 특급이라면

1 それはNじゃ(では)なく(て)Nです。　　それ은 N이 아니라 N입니다.

① 時刻表・路線図　　　　　② 切符・特急券

③ 指定席・自由席

④ 成田エクスプレス　成田・京成スカイライナー　京成

2 ～って何ですか。　　　　　～란 무엇입니까?

① 各駅停車　　　　　② 快速

③ 特急　　　　　④ シルバーシート

3 ～行きの～乗り場はどこですか。　　～행 ～정거장은 어딥니까?

① 難波・リムジンバス　　　　② 羽田・モノレール

③ 銀座・地下鉄　　　　④ 博多・電車

4 もしかして ～ですか。　　　혹시～ 말입니까?

① 運賃　　　　　② おつり

③ グリーン車　　　　④ 自由席

대화
연습 방

 보기와 같이 대화해 봅시다.

보기
> **Q** 最寄りの(電車の駅)は どこですか。
> ➡ **A** あそこの(公衆電話の前)です。

Q	**A**
銀行	建物の後ろ
100円ショップ	銀行の横
コンビニ	電車の駅の前

보기
> **Q** (電車の駅)は どこにありますか。
> ➡ **A** あの(公衆電話の前)にあります。

Q	**A**
銀行	建物の後ろ
切符売り場	銀行の横
バス乗り場	電車の駅の前

보기
> **Q** (電車の駅)ですか。
> ➡ **A** (電車の駅)じゃなくて(バス乗り場)です。

Q	**A**
銀行	銀行・事務室
切符売り場	切符売り場・バス乗り場
運賃	運賃・おつり

1. 일본 철도의 역사와 '시테츠'

일본은 철도가 발단된 나라다. 1872년에 신바시(新橋)~요코하마(横浜)간에 처음으로 국철이 개통된 것을 시작으로, 일본 전국에 잇따라 철도가 건설되었다. 특히 1964년에 개통된 신칸샌(新幹線)을 대표로 전후부터 1960년대 까지, 일본에서 철도는 경제발전의 상징이었다.

신칸센

이와 같은 일본의 철도문화에서 특히 특징적인 것은 '私鉄'(시테츠; 사철)의 존재이다. 私鉄란 '国鉄'(고쿠테츠; 국철)의 상대어로, 민간 기업이 운영하는 철도이다. 일본에는 현재 71개(일본 민영철도 협회에 가맹한 회사)의 시테츠가 있다. 이렇게 오랜 역사와 다양한 종류의 철도들이 달리는 일본에는 수많은 '철도 팬', '철도 매니어' 들이 존재하며, 어떤 노선이 새로 개통되거나 폐지된다고 하면 그런 사람들이 아침부터 몰려오는데 이것도 독특한 문화라고 할 수 있다. 또, 이처럼 많은 회사들이 서로 경쟁함으로써 다양한 서비스와 질의 향상이 도모되어왔다.

2. 시테츠가 일본의 도시를 만들었다

또한 일본의 철도문화를 이야기할 때 빼놓을 수 없는 점은 철도, 특히 '시테츠가 일본의 도시를 만들었다'는 점이다.

이 이야기를 할 때, 꼭 소개되는 한 명의 인물이 있다. 그 사람은 오오사카·코오베·교오토를 연결하는 항큐우(阪急)전철을 만든 코바야시 이치조오(小林一三, 1853-1957)이다. 그는 '원래 사람이 모여 있는 곳'에 전철역을 만드는 것이 아니라, 도시와 전철을 '동시'에 만들었다. 즉, 먼저 땅을 사서 주택지를 만들고, 유원지, 동물원, 온천, 극장, 호텔 등 매력이 있는 도시 개발을 하면서 거기에 전철역을 만든 것이다. 이러한 역발상은 큰 성공을 거두었으며, 그 후의 일본의 도시개발의 모델이 되었다. 이 외에도 그가 남긴 공적은 많다. 여성만으로 구성된 유명한 '타카라즈카 가극단'을 만든 것도 고바야시고, 전철역과 백화점이 하나가 된 '터미널 백화점'을 생각한 것도 그다.

이처럼, 고바야시에 대표되는 민간 기업이었기 때문에 가능했던 일들이 시테츠가 일본 사회에 기여한 가장 큰 업적이라 할 수 있을 것이다.

한큐백화점   고바야시 이치조

08 もう少し安い部屋はありませんか。

不動産へ行って部屋を探します。
부동산에 가서 집을 구합니다

不動産屋	いらっしゃいませ。
ハヌル	学生向けの アパートは ありますか。
不動産屋	はい。たとえば こちらは いかがですか。
ハヌル	ちょっと 家賃が 高いですね。敷金・礼金も…
	もう少し 安くて きれいな 部屋は ありませんか。
不動産屋	では、さっきのより、こちらの方が お手頃ですが いかがですか。
ハヌル	このアパートから 最寄りの駅まで 何分 ぐらいですか。
不動産屋	徒歩で 15分、自転車で 5分 ぐらいです。

ハヌル　　始発は何時頃ですか。

不動産屋　　多分、5時半頃です。

ハヌル　　アパートの 周りに 何が ありますか。

不動産屋　　コンビニとか ファミレスとか いろいろあります。

　　　　　　銭湯や 郵便局も あります。

ハヌル　　イケメンがたくさんいるアパートはありませんか。おじさんみたいな♡

不動産屋　　イケメン？ああ、かっこいい男の人ですか。

　　　　　　それは ちょっと難しいですね…。

　　　　　　私のようなイケメンは なかなかいませんし…。

◉ 어구해설방

いらっしゃいませ 어서 오세요	学生 학생	～向け 대상
アパート (주로) 목조 임대 연립주택	たとえば 예를 들어	いかがですか 어떻습니까?
ちょっと 조금(회화체)	家賃 집세	敷金 보증금	礼金 사례금
もう少し 좀더	安くて 싸고(싸서)	きれいな 깨끗한	部屋 방
より 보다	の方が ～이/가 더	お手頃 저렴하다	始発 첫차
何時頃 몇시쯤	多分 아마	最寄りの駅 가장 가까운 역	
ぐらい 정도	徒歩 도보	～で ～로(수단)	自転車 자전거
周り 주변	コンビニ(コンビニエンスストア) 편의점	とか ～라든가
や ～나	いろいろ 여러 가지	ファミレス(ファミリーレストラン) 패밀리 레스토랑
銭湯 목욕탕	郵便局 우체국	イケメン 멋있는 남자　たくさん 많이
～みたいな ～와 같은(회화체)		かっこいい 멋있다, 멋있는
男の人 남성	難しい 어려운, 어렵다 ～のような ～와 같은　なかなか 좀처럼(제법)

45

시간 표현

1. ～시

いちじ 1時 1시	にじ 2時 2시	さんじ 3時 3시	よじ 4時 4시	ごじ 5時 5시	ろくじ 6時 6시
しちじ 7時 7시	はちじ 8時 8시	くじ 9時 9시	じゅうじ 10時 10시	じゅういちじ 11時 11시	じゅうにじ 12時 12시
なんじ 何時 몇시	じかん ～時間 ～시간	ごぜん 午前 오전	ごご 午後 오후	しょうご 正午 정오	

2. ～분

いっぷん 1分 1분	にふん 2分 2분	さんぷん 3分 3분	よんぷん 4分 4분	ごふん 5分 5분	ろっぷん 6分 6분
ななふん 7分 7분	はっぷん 8分 8분	きゅうふん 9分 9분	じゅっぷん 10分 10분	じゅういっぷん 11分 11분	にじゅっぷん 20分 20분
なんぷん 何分 몇분	じはん ～時半 ～시반				

3. ～초

1秒 1초	2秒 2초	3秒 3초	4秒 4초	5秒 5초	6秒 6초
7秒 7초	8秒 8초	9秒 9초	10秒 10초	11秒 11초	何秒 몇초

形容詞活用表 형용사 활용표

基本形	○○	い	
	たか	い	높다/비싸다
未然形	たか	かろう	높을 것이다/비쌀 것이다
連用形	たか	かった	높았다/비쌌다
	たか	くない	높지 않다/비싸지 않다
	たか	く(て)	높고 높으니 높아서/비싸고/비싸니/비싸서
終止形	たか	い。	높다/비싸다
連体形	たか	いそら	높은 하늘
仮定形	たか	ければ	높으면/비싸면

活用例 활용례

たか	いです(ね)		비쌉니다(비싸군요)
たか	くは(も)	ない	비싸지는(도)않다
	くは(も)	ないです＝ありません	비싸지는(도)않습니다
	く	なかった	비싸지 않았다
	く	なかったです＝ありませんでした	비싸지 않았습니다
たか	くて		비싸서
たか	くても		비싸지도
たか	く、＝いし、		비싸고
たか	かろう		비쌀 것이다/비싸겠지
たか	いだろう		비쌀 것이다/비싸겠지
たか	いでしょう		비쌀 것입니다/비싸겠지요
たか	そう		비쌀 것 같다
たか	すぎ		너무 비싸다
たか	いの(ん)ですが、		비쌉니다(만)

주의해야 할 형용사 활용 ＜いい＞와 ＜よい＞

よ	い	좋다	(○)
よ	かろう	좋겠지	(○)
よ	かった	좋았다	(○)
よ	くない	좋지 않다	(○)
よ	い。	좋다	(○)
よ	いです	좋습니다	(○)
よ	い本	좋은 책	(○)
よ	ければ	좋으면	(○)

い	い	좋다	(○)
い	かろう	좋겠지	(×)
い	かった	좋았다	(×)
い	くない	좋지 않다	(×)
い	い。	좋다	(○)
い	いです	좋습니다	(○)
い	い本	좋은 책	(○)
い	ければ	좋으면	(×)

A	Aくない	Aかった	Aくなかった	Aそう・過ぎ	Aんです(が)
高_{たか}い					
安_{やす}い					
濃_こい					
薄_{うす}い					
明_{あか}るい					
暗_{くら}い					
いい					

◎ 일본의 학생용 맨션

1 ちょっと ～が ～ですね。　　　좀~가 ～하군요.

① 車・速い
② トンネル・長い
③ 昼・暑い
④ キムチ・辛い
⑤ 家賃・高い

2 ～は ～ですね。　　　～은 ～하군요.

① この春・気持いい
② この人形・かわいい
③ その本・面白い
④ この部屋・暗い

3 AとかBとかいろいろあります。　　A라든가 B라든가 여러 가지가 있습니다.

① 本・雑誌
② 地下鉄・100円バス
③ デパート・スーパー
④ 電気代・ガス代
⑤ 水道代・光熱費

4 Aより、Bの方が ～ですが　　　A보다는 B가～ 한데요.

① バス・電車・速い
② アパート・マンション・高い
③ サッカー・野球・好きだ
④ 日本語・英語・苦手だ

5 最寄りの～まで 何分ぐらいですか。 가장 가까운~까지 몇분 정도입니까?

① 駅
② 銀行
③ ホテル
④ 図書館

6 ~で~ぐらいかかります。　　　　　~해서 쯤 걸립니다.

① 徒歩・15分　　　　　② タクシー・5分

③ バス・20分　　　　　④ 電車・30分

7 ~のような~は なかなかいませんし ~처럼~한 사람은 좀처럼 없고요.

① 私・イケメン　　　　② あなた・勉強家

③ あなた・きれいな人　④ 君・いい人

📷 20개 이상의 대학들이 모이는 도쿄 하치오지시(八王子市)의
JR하치오지역(八王子駅)

대화연습방

🗣️ 보기와 같이 대화해 봅시다.

보기

Q　最寄りの(電車の駅)まで何分ぐらいですか。
➡ A　(自転車)で (5分) ぐらいです。

Q	A
銀行	徒歩・15分
100円ショップ	バス・10分
コンビニ	電車・5分

보기

Q　(学生向け)の(アパート)は ありますか。
➡ A　それは、ありませんね。

Q	A
子供向け・絵本	それは、ありませんね。
大人向け・雑誌	それは、ありませんね。
一人暮し向け・アパート	それは、ありませんね。

보기

Q　(アパートの近く)には何もありませんか。
➡ A　いいえ、(銭湯)や (郵便局)も あります。

Q	A
駅のまわり	居酒屋・銀行
学校の近く	本屋・不動産屋
コンビニの中	お菓子・文房具

09 ちょっと派手^はじゃないですか。

デパートで服^{ふく}を買^かいます。
백화점에서 옷을 삽니다.

ハヌル	すみません、婦人服売り場^{ふじんふくうりば}はどこですか。
店員^{てんいん}	3階^{さんがい}と、4階^{よんかい}のヤングカジュアルのフロアにございます。
ハヌル	ワンピースがほしいんですが。
店員^{てんいん}	こちらはいかがですか。今流行^{いまりゅうこう}の金色^{きんいろ}です。
ハヌル	金色^{きんいろ}…。ちょっと派手過ぎ^{はですぎ}じゃないですか。水色^{みずいろ}はありませんか。
店員^{てんいん}	それでは、こちらはいかがですか。
ハヌル	かわいいけど、ちょっと高^{たか}そうですね。いくらですか。
店員^{てんいん}	2万3千円^{にまんさんぜんえん}です。
ハヌル	3千円^{さんぜんえん}に まけてください。
店員^{てんいん}	ええ?それはちょっと…。

ハヌル	すみません。サイズが大^{おお}きすぎますが、返品^{へんぴん}は可能^{かのう}ですか。
店員^{てんいん}	はい。レシートはありますか。

🔊 어구해설방

デパート	백화점	婦人服^{ふじんふく}	여성복	売り場^{うりば}	매장	階^{かい}	층
ヤングカジュアル	영 캐주얼			フロア	플로어	ワンピース	원피스
ほしい	갖고(받고) 싶다, 원하다			今^{いま}	지금	流行^{りゅうこう}	유행
金色^{きんいろ}	금색	派手^{はで}	(너무)화려하다	ちょっと	조금(구어체)	水色^{みずいろ}	하늘색
高い^{たか}	비싸다	～そう	아/어 보이다	まける	깎다	サイズ	사이즈
合う^{あう}	맞다	返品^{へんぴん}	반품	可能^{かのう}	가능	レシート	영수증

形容動詞

🔍 **주의** 1. 주의해야 할 <형용동사>와 <명사+だ>의 구별

派手	だ	화려하다	春	だ	봄이다
派手	だろう	화려할 것이다	春	だろう	봄일 것이다
派手	だった	화려했다	春	だった	봄이었다
派手	でない	화려하지 않다	春	でない	봄이 아니다
派手	になる	화려해지다	春	になる	봄이 되다
派手	過ぎ	지나치게 화려하다	春	×	
派手	です	화려합니다	春	です	봄입니다
派手	でした	화려했습니다.	春	でした	봄이었습니다
派手	な服	화려한 옷	春	×	
派手	なのに	화려한데도	春	なのに	봄인데도
派手	なので	화려하므로	春	なので	봄이므로
派手	なの(ん)です	화려합니다	春	なの(ん)です	봄입니다
派手	なら(ば)	화려하다면	春	なら(ば)	봄이라면

2. 형용동사의 과거+부정의 활용례

静かでない→静かでなかった→静かでなかったです＝静でありませんでした
조용하지 않다→조용하지 않았다.→조용하지 않았습니다.

静かではない→静かではなかった→静かではなかったです＝静ではありませんでした
静かじゃない→静かじゃなかった→静かじゃなかったです＝静じゃありませんでした
조용하지는 않다→조용하지는 않았다.→조용하지는 않았습니다.

静かでもない→静かでもなかった→静かでもなかったです＝静でもありませんでした
조용하지도 않다→조용하지도 않았다.→조용하지도 않았습니다.

静かそう   静かすぎ
조용할 것 같다.   너무 조용하다

AV	AVでは (じゃ)ない	AVだった	AVでは (じゃ)なかった	AVそう・すぎ	AVんです(が)
好^すきだ					
苦^{にが}手^てだ					
派^は手^でだ					
地^じ味^みだ					
暢^{のん}気^きだ					
暢^{のん}気^きだ					
贅^{ぜい}沢^{たく}だ					

◉ 토오쿄오 긴자(東京^{とうきょう}・銀座^{ぎん ざ})의 和光^{わこう}백화점

1 Nがほしいんですが、　　　　　　N을 갖고 싶은데요(사고 싶은데요)

① スーツ　　　　　　　　② セロテープ

③ 扇風機（せんぷうき）　　　④ 電子辞書（でんしじしょ）

2 A/AV(어간)過（す）ぎじゃないですか。　너무A/AV하지 않습니까?

① 暗（くら）い　　　　　　② 明（あか）るい

③ 派手（はで）だ　　　　　④ 地味（じみ）だ

3 ちょっと A/AV(어간)そうですね。　A/AV~할 것 같은데요.

① 安（やす）い　　　　　　② 濃（こ）い

③ 真面目（まじめ）だ　　　④ 勝手（かって）だ

📷 세계의 명품 직영점이 늘어서 있는 오오사카 신사이바시(大阪（おおさか）·心斎橋（しんさいばし）)

🎤 다음과 같이 대화해 봅시다.

Q	A
(ワンピース)がほしいんですが。	そちらはいかがですか。今流行の水色です。
MP3(エムピースリー)	こちらはいかがですか。最新型です。
スーツ	こちらはいかがですか。春の新作です。

Q	A
この料理はどうですか。	(高い)けど、(おいし)そうですね。
この料理はどうですか。	安い・まずい
あの選手はどうですか。	小さい・強い

◉ 토오쿄오의 패션의 중심지 시부야

◉ 오사카의 패션의 중심지
아메리카무라

敷金^{しききん} · 礼金^{れいきん}　정보방 5

지역에 따라 다소 차이는 있지만, 일반적으로 일본에서 방을 빌릴 때 집세와 함께 내야 되는 것이 敷金^{しききん}·礼金^{れいきん}이다. 이 일본만의 독특한 습관에 대해 간략하게 살펴보기로 한다.

우선, 아래 그림을 보자. 이는 일반적인 일본의 월세 방 광고이다. 만약 이 방을 빌린다면 계약 시에 얼마 내야 될까?

賃貸^{ちんたい}アパート(임대 아파트)
栄光^{えいこう}ハイツ八王子^{はちおうじ}(아파트 이름)
八王子市^{はちおうじし} 元本郷町^{もとほんごうちょう}○丁目^{ちょうめ}(주소)
賃料^{ちんりょう}　　5万円
管理費^{かんりひ}　3000円
敷金^{しききん}　　2ヶ月
礼金^{れいきん}　　0¥
仲介手数料^{ちゅうかいてすうりょう}　1ヶ月

우선, 한 달 치의 집세 5만엔과 관리비 3천엔, 그리고 敷金^{しききん}이 '2개월'이라고 써 있는데 이것은 '집세 2개월 분'이라는 뜻이다. 즉 이 집의 경우에는 5만엔 × 2개월로 10만엔이다. 그리고 礼金^{れいきん}이 무료로 되어 있는 대신, 부동산에 대한 중개수수료가 '1개월', 즉 5만엔으로 되어 있다. 따라서 이 방을 빌리려면, 계약을 할 때 총 20만 3천엔을 지불해야 하는 것이다(그 후 한 달에 5만 3천엔씩 내면 된다).

그런데 이 敷金^{しききん}·礼金^{れいきん}이란 대체 뭘까?

1. 敷金^{しききん}

敷金^{しききん}은 한국의 보증금과 비슷한 것으로, 기본적으로는 나중에 집을 나갈 때 돌려 받을 수 있는 돈이다. 단, 그 방을 쓰는 동안에 벽지가 찢어졌다거나 무언가를 파손하여 수리가 필요한 경우에 그 비용이 敷金^{しききん}에서 깎일 경우도 있다.

2. 礼金^{れいきん}

礼金^{れいきん}은 원래 지방에서 도시로 올라온 학생 등이, 그 도시에 의지할 수 있는 사람이 아무도 없기 때문에 그 학생의 친척이 집주인에게 '잘 부탁한다'는 뜻으로 냈던 사례금이 그 시작이라고 한다. 현재는 거의 그러한 의미는 사라지고 형식화되었으며, 관습적으로 돌려 받지 못하는 것이 敷金^{しききん}과의 차이점이다. 단, 요즘은 礼金^{れいきん}이 없는 경우도 종종 있다. 그리고 보증인이 꼭 필요하다는 것도 염두에 두어야 한다.

韓国から来ました。

 model dialog 1

＜アパートで＞

引っ越しを終えたハヌルが、管理人さんにあいさつをします。

이사를 마친 하늘이가 관리인에게 인사를 합니다.

ハヌル　　　はじめまして。103号室のパク・ハヌルです。

　　　　　　韓国から来ました。よろしくお願いします。

管理人　　　ああ、パクさんですね。私は管理人の池面次郎です。

　　　　　　名前はイケメンですが、70歳です。引っ越しは終りましたか。

ハヌル　　　はい。終りました。

管理人　　　部屋は気に入りましたか。

ハヌル　　　はい。広いし、きれいだし、嬉しいです。

 model dialog 2

＜ホテルで＞

もうすぐハヌルと友達になるスミは、この時ホテルにいました。
곧 하늘과 친구가 될 수미는 이때 호텔에 있었습니다.

スミ	すみません。部屋はありますか。
従業員	ご予約はされましたか。
スミ	いいえ。しませんでした。
従業員	3階のツインのお部屋がひとつありますが、よろしいですか。
スミ	はい。結構です。チェックアウトは何時ですか。
従業員	10時です。1泊でよろしいですか。
スミ	いいえ、2泊です。料金は先払いですか。
従業員	はい。1泊 5,600円です。では、こちらにご署名をお願いします。

SAKURA HOTEL

어구해설방

〜号室 〜호실	管理人 관리인	引っ越し 이사	終わる 끝나다
部屋 방	気に入る 마음에 들다	広い 넓다	きれいだ 깨끗하다
嬉しい 기쁘다	予約 예약	階(〜かい・がい) 〜층	
ツイン 트윈	よろしいですか 괜찮으시겠습니까?	結構です 좋습니다, 됐습니다	
チェックアウト 체크아웃	〜泊 〜박	料金 요금	先払い 선불
署名 서명			

1. 5段動詞(V1)

基本形	会う	書く	脱ぐ	捜す	勝つ	死ぬ	呼ぶ	読む	乗る	接続
意味	만나다	쓰다	벗다	찾다	이기다	죽다	부르다	읽다	타다	
未然形	あわ	かか	ぬが	さがさ	かた	しな	よば	よま	のら	ない~않는다
連用形	あい	かき	ぬぎ	さがし	かち	しに	よび	よみ	のり	ます~합니다
終止形	あう	かく	ぬぐ	さがす	かつ	しぬ	よぶ	よむ	のる	×
連体形	あう	かく	ぬぐ	さがす	かつ	しぬ	よぶ	よむ	のる	時　~할 때
仮定形	あえ	かけ	ぬげ	さがせ	かて	しね	よべ	よめ	のれ	ば　~하면
命令形	あえ	かけ	ぬげ	さがせ	かて	しね	よべ	よめ	のれ	~해라
意志形	あお	かこ	ぬご	さがそ	かと	しの	よぼ	よぼ	のろ	う~하려고

☞ 연용형~ます는 ~하겠습니다라는 <의지미래>의 뜻도 있다.

　의지형 ~う는 ~하려고~하자~할 것이다 등의 <의지, 청유, 추량>의 뜻을 갖고 있다.

2. 1段動詞(V2)와 変格動詞(V3)

基本形	見る	信じる	寝る	捨てる	入れる	くる	する	接続
意味	보다	믿다	자다	버리다	넣다	오다	하다	×
未然形	み	しんじ	ね	すて	いれ	こ	し	ない~않는다
連用形	み	しんじ	ね	すて	いれ	き	し	ます~합니다
終止形	みる	しんじる	ねる	すてる	いれる	くる	する	×
連体形	みる	しんじる	ねる	すてる	いれる	くる	する	時　~할때
仮定形	みれ	しんじ	ね	すて	いれれ	く	す	れば　~하면
命令形	みろ	しんじろ	ねろ	すてろ	いれろ	こい	しろ	~해라
命令形	みよ	しんじよ	ねよ	してよ	いれよ		せよ	~해라
意志形	み	しんじ	ね	さがそ	いれ	こ	し	よう~하려고

☞ 연용형~ます는 ~하겠습니다라는 <의지미래>의 뜻도 있다.

　의지형 ~よう는 ~하려고~하자~할 것이다 등의 <의지, 청유, 추량>의 뜻을 갖고 있다.

동사 종류	동사	ない	う・よう	ます・ました・ませんでした	ば・れば	命令
5段動詞 (V1)	謝る					
	言う					
	歩く					
	話す					
	待つ					
	死ぬ					
1段動詞 (V2)	起きる					
	見る					
	入れる					
	捨てる					
変格動詞 (V3)	する					
	来る					

1 V1/V2/V3 ましたか。　～했습니까　ませんでした～하지 않았습니다.
　　　　　　　　　　　　　　　= なかったです。

① 書く　　　　　　　　② 選ぶ
③ 終わる　　　　　　　④ 脱ぐ
⑤ 起きる　　　　　　　⑥ 聞える
⑦ 気に入る　　　　　　⑧ 気に触る
⑨ する　　　　　　　　⑩ 来る

2 A(종지형)し、AV(종지형)し、Aです。～하고 ～하고～합니다.

① 明るい・静かだ・気持いい
② 安い・好きだ・嬉しい

◎ 일본의 보통 동네거리

보기와 같이 대화해 봅시다.

Q	宿題をしますか。
➡ A	さっき(방금)→宿題はさっきしました。(숙제는 방금 했습니다)

Q	A
あの映画を見ますか。	昨日(어제)→
昼ごはんを食べますか。	少し前に(조금 전에)→
朴さんはいつ来ますか。	もう(벌써)→

Q	お部屋は気に入りましたか。
➡ A	いいえ、気に入りませんでした。(아니오, 마음에 들지 않았습니다.)

Q	A
手紙の返事は来ましたか。	いいえ、
今朝のニュースを見ましたか。	いいえ、
先週、志村さんに会いましたか。	いいえ、

Q	A
仲本さんは、どんな人ですか。	優しいし、お金持ちだし、イケメンです。
北海道は、どんな所ですか。	広い・自然が豊かだ・食べ物もおいしい
あなたのふるさとは、どんな所ですか。(당신의 고향은 어떤 곳입니까?)	考えてみましょう(생각해봅시다)

11 友_{とも}だちになってください。

大学_{だいがく}に通_{かよ}いはじめたハヌルが、友人_{ゆうじん}たちに出会_{であ}います。

대학을 다니기 시작한 하늘이가 친구들을 만나게 됩니다.

ハヌル　　あの、すみません。

さくら　　はい、何_{なん}ですか。

ハヌル　　私_{わたし}、韓国_{かんこく}から来_きたパク・ハヌルと申_{もう}します。まだ友_{とも}だちが誰_{だれ}も

　　　　　いません。友_{とも}だちになってください。

さくら	わあ、韓国の方ですか。嬉しいです。私は遠藤さくらです。こちら
	こそ、仲よくしてくださいね。
スミ	あのー、私も韓国から来ました。名前はイ・スミです。私も友だち
	になってください。学校のことも何もわかりません。よろしくおね
	がいします。
ハヌル	スミさんも韓国人ですか？嬉しいです。
さくら	そうだ。私の友だちも紹介します。ねえ、淳一君、琢磨君！
淳一	あ、さくらちゃん。
さくら	こちら、ハヌルさんとスミさん。
琢磨	あ、僕は木村琢磨です。
淳一	えーと、僕は、ま、まま、ままま、松田淳一です。
さくら	淳一君、顔が赤くなっていますよ。

◎ 어구해설방

～と申します ～라고 합니다		まだ 아직	友だち 친구
誰も 아무도	～(く)になる ～이/가 되다	～く(に)する ～게 하다	方 분
～こと 것, 일	何も 아무것도	そうだ 아 참	赤い 빨갛다

動詞の音便

동사의 발음을 편하게 하기 위한 이른바 옴빙(音便)은 5段動詞의 연용형(連用形)에 서만 선택적으로 일어난다. 5段動詞 중에서도 기본형(基本形)가 <~す>는 일어나 지 않는다.

5段動詞				1段動詞		変格動詞		連用形
書く	話す	待つ	読む	見る	食べる	する	来る	
かき	はなし	まち	よみ	み	たべ	し	き	ます~합니다
かき	はなし	まち	よみ	み	たべ	し	き	たい~하고 싶다
かき	はなし	まち	よみ	み	たべ	し	き	ながら~하면서
か**い**	はなし	ま**っ**	よん**で**	み	たべ	し	き	て~하고 ~하니
か**い**	はなし	ま**っ**	よん**で**から	み	たべ	し	き	てから~하고나서
か**い**	はなし	ま**っ**	よん**だ**	み	たべ	し	き	た~했다
か**い**	はなし	ま**っ**	よん**だり**	み	たべ	し	き	たり~하기도하고
か**い**	はなし	ま**っ**	よん**だら**	み	たべ	し	き	たら~했더니

☞音便이란 발음을 편하게 하기 위해서 원칙을 깨는 행위이다.

<~ます> ~하겠습니다라는 뜻도 가지고 있다.

音便の種類

く・ぐ⇒イ音便		う・つ・る⇒促音便		ぬ・ぶ・む⇒撥音便	
○○く		○○う		死ぬ	
歩く⇒ある い	て ても てから た たり たら	笑う⇒わら っ	て ても てから た たり たら	死ぬ⇒しん	で でも でから だ だり だら
○○ぐ		○○つ		○○ぶ	
泳ぐ⇒およい	で でも でから だ だり だら	待つ⇒ま っ	て ても てから た たり たら	学ぶ⇒まなん	で でも でから だ だり だら

行く(例外)			○○る			○○む		
行く⇒い	っ	て	乗る⇒の	っ	て	読む⇒よ	ん	で
		ても			ても			でも
		てから			てから			でから
		た			た			だ
		たり			たり			だり
		たら			たら			だら

문법
연습방

종류	V	た	て	たり	たら
5段動詞 (V1)	謝る				
	言う				
	歩く				
	話す				
	待つ				
	死ぬ				
1段動詞 (V2)	できる				
	見る				
	入れる				
	捨てる				
変格動詞 (V3)	する				
	来る				

1 ~から来^きた ~と申^{もう}します。　~에서 온 ~라고 합니다.

❶ アメリカ・スミス
❷ 日本^{にほん}・田中^{たなか}
❸ 中国^{ちゅうごく}・ワン
❹ ドイツ・フバー

2 ~に人^{ひと}が~いません。 ~に사물이~ありません。 아무(아무것)도 없습니다.

❶ 学校^{がっこう}・誰^{だれ}も
❷ 駅^{えき}・誰^{だれ}も
❸ 机^{つくえ}の上^{うえ}・何^{なに}も
❹ 部屋^{へや}・何^{なに}も

3 ~てください　　　~해　주십시오.

❶ 友達^{ともだち}になる
❷ 本^{ほん}を読^よむ
❸ 話^{はなし}を聞^きく
❹ ご飯^{はん}を食^たべる
❺ ごみを捨^すてる
❻ 3時^じまでに来^くる

4 NがAくなっていますよ。

❶ 昼^{ひる}が短^{みじか}い
❷ 天気^{てんき}が寒^{さむ}い
❸ 値段^{ねだん}が高^{たか}い
❹ 空^{そら}が高^{たか}い

대화연습방

다음과 같이 대화해 봅시다.

Q
状況(상황)
消しゴムがない
勉強がわからない
うるさい

A
依頼(부탁)
(貸す) 消しゴムを貸してください
(教える)
(静かにする)

◎ 토오쿄오대학 야스다(安田) 강당

- 코마바(駒場)캠퍼스

◎ 토오쿄오 대학 정문인 아카몽(赤門)

-홍고오(本郷) 캠퍼스

お昼を一緒に食べませんか。

友達といっしょに、学生食堂でごはんを食べます。
친구들과 함께 학생식당에서 밥을 먹습니다.

さくら	ハヌルさん、スミさん、学食で お昼を 一緒に 食べませんか。
琢磨	おれたちも一緒に行ってもいいですか。
淳一	あ、おれも…。
ハヌル	はい。よろこんで。
スミ	おなかがぺこぺこです。早く行きましょう。
琢磨	何にしますか。
スミ	えーと、そうですね…。ハンバーグ定食に します。
ハヌル	生ビールは ありませんか。
琢磨	ビ、ビールはありませんね。ここは学食ですから…。 生卵はありますけど…。
淳一	韓国の人も おはしで 食べますか。
ハヌル	韓国では おはしと スプーンを 使います。
スミ	和食は おはしを 使うので 洋食より 食べやすいですが、 スプーンを 使わないので 少し 食べにくいです。
さくら	ほかに マナーの ちがいは ありますか。
ハヌル	韓国では お茶碗を 持たずに 置いたままで 食べます。

スミ　　　今度 さくらさんの 家に 遊びに 行っても いいですか。

さくら　　もちろんです。 いつでも 遊びに 来てください。

琢磨　　　あのー、僕たちも一緒に…

さくら　　だめです。

琢磨・淳一　えーーーーー。

🔊 어구해설방

学食(学生食堂) 학생식당	お昼 점심	一緒に 같이	食べる 먹다
～ませんか ～지 않습니까?	よろこんで 기꺼이		
おなかがぺこぺこです 뱃가죽이 붙을 정도로 배가 고픕니다.			はやく 빨리, 어서
行く 가다	～ましょう ～ㅂ시다	～に します(か) ～로 하겠습니다(까)	
そうですね 글쎄요, 그러네요	ハンバーグ 함박 스테이크	定食 정식	生ビール 생맥주
～から ～니까	学食 학생식당	生卵 날계란	～けど ～지만(회화체)
(お)はし 젓가락	～では ～에서는	スプーン 숟가락, 스푼	使う 사용하다
洋食 양식	和食 일식	～ので ～기 때문에	～にくい 기 어렵다
他 그 외	マナー 매너	ちがい 차이	(お)茶碗 밥그릇
持つ 가지다, 들다	～ずに ～지 않고	置く 놓다, 두다	～まま ～채
今度 다음에, 이번에	家 집	遊ぶ 놀다	～に ～(으)러
～ても ～(해)도	もちろん 물론	来る 오다	

71

5段動詞				1段動詞		変格動詞		接尾語/助動詞
書く	話す	待つ	読む	見る	食べる	する	来る	
かき	はなし	まち	よみ	み	たべ	し	き	やすい〜하기쉽다
かき	はなし	まち	よみ	み	たべ	し	き	にくい〜하기어렵다
かか	はなさ	また	よま	み	たべ	せ	こ	ずに 〜하지않고

☞ 〜やすい와 〜にくい는 접미어로 동사와 합쳐서 형용사를 만들며 새로운 의미를 추가한다. 〜ずに의 〜ず는 조동사로 동사의 未然形에 접속하여 부정의 뜻을 나타낸다.

종류	V	ても	ずに	ませんか	ましょう	やすい
5段動詞 (V1)	乗る					
	言う					
	歩く					
	話す					
	待つ					
	喜ぶ					
1段動詞 (V2)	捨てる					
	見る					
	入れる					
	食べる					
変格動詞 (V3)	する					
	来る					

1 ～ませんか하지 않겠습니까.　　　～ましょう～합시다.

① 歌う
② 遊ぶ
③ 泳ぐ
④ 信じる
⑤ 着る
⑥ 勉強する
⑦ 寝る

2 ～てもいいですか　　　～해도 좋습니까?

① 乗る
② 読む
③ 持って帰る
④ 見る

3 V(연체형)+ので　V(ます형)+やすいですが、

① 都会に住んでいる・生活する
② 節約している・お金が貯まる
③ たくさん食べる・太る
④ 漢字に振り仮名がある・読む

4 V(미연형)ないので　少し　V(ます형)にくいです。

① 車を運転する・道を覚える
② 友達が行く・参加する
③ 雨が降る・花が育つ
④ 運動をする・やせる
⑤ 字幕を見る・わかる

5 V(미연형)+ずに～ます

① 現金を使う・カードで支払う
② 人に頼る・一人でする
③ 電車に乗る・歩く
④ 日曜日なのに休む・出勤する

🎤 다음과 같이 대화해 봅시다.

Q	A
日曜日、何をしますか。	映画を見に行きます。
明日、何をしますか。	(林さんと食事をする・行く)
なぜここに来ましたか。	(木村さんに会う・来る)

Q	A
(この本)を(見ても)いいですか。	いいですよ。
あの箱・開ける	すみません。それはちょっと困ります。
隣の人の持ち物(옆 사람의 소지품)・借りる(빌리다)	考えてみましょう(생각해봅시다)

🍲 섬게알 덮밥과 회정식(うに丼と刺身定食)

　현재 전 세계에서 일본어를 배우는 사람은 약 300만 명에 달하며, 이 중 가장 많은 학습자가 있는 나라가 바로 한국이다(91만 명, 전체의 약 30%). [1]그렇다면, 반대로 일본에서의 한국어 교육의 현황은 어떠할까?

　일본의 교육기관 중 특히 한국어 교육이 활발한 곳이 고등학교이다. 이른바 '민족학교'를 제외하고 외국어로서 한국어를 가르치는 일본 고등학교는 1970년대 초반에는 불과 2개 학교에 지나지 않았다. 그런데 특히 1990년대 후반 이후 급속히 증가하면서, 2005년 10월 25일자 마이니치(毎日) 신문의 보도에 따르면 286개 학교까지 늘었다고 한다. 이 배경에는 한·일 양국의 교류가 활성화되면서 학교 측에서도 '국제이해'를 목적으로 한국의 고등학교와의 자매교 교류나 수학여행을 실시하는 등 한국과의 교류를 중시하는 자세변화가 있다.

　또한 필자의 조사에 따르면, 한국어를 배우는 일본 고등학생들의 학습 동기에서도 '수학여행을 갈 때 대화해보고 싶다' '자매교류를 할 때 이야기해보고 싶다' '이웃나라 말이니까 배워보고 싶다'는 등의 답이 많았으며, 한국을 이웃나라로서 친숙하게 느끼고 있는 자세를 엿볼 수 있다.

　한편, 대학에서 한국어 수업을 개설하는 학교는 686개 학교 중 322개 학교[2]로, 아직 50%에 미치지 못하다. 그런데 한국어 수업을 도입하는 대학은 해마다 많아지고 있거니와, 대학에 따라서는 한국어 수업 수강자가 500~1000명에 달하는 학교도 있다.

　인터넷 등에서는 때때로 상대 나라에 대한 의도적이거나 지나치게 편향된 정보들이 범람하곤 하는데, 일본어를 배우는 한국인과 한국어를 배우는 일본인이 서로 선입견을 버리고, 관심을 가지면서 얼굴을 맞대고 교류하는 것이 한·일 양국의 우호 관계 발전은 물론, 학습자 자신의 시야를 넓히고 공부를 하는 데에도 큰 도움이 될 것이다.

일본 대학의 한국어 동아리 학생들(소카대학교 한글문화연구회)

---

1) 国際交流基金 『2006年海外日本語教育機関調査』, 2006.
2) 国際文化フォーラム「日本の学校における韓国朝鮮語教育 : 大学等と高等学校の現状と課題」, 2005.

13 遅刻はしないでください。

コンビニで、アルバイトの面接を受けます。
편의점에서 아르바이트 면접을 봅니다.

店長	韓国で こういう バイトを したことが ありますか。
ハヌル	いいえ、はじめてです。
ハヌル	仕事の内容は どんなことですか。
店長	レジ打ちが 主な 仕事です。
ハヌル	時給は いくらですか。
店長	昼から 夜は 900円、深夜は1000円です。

店長　　　お客様には いつも 笑顔で 接するように 心がけてください。

定時の 20分前には 出勤して、遅刻は しないでください。

特に 無断欠勤は 絶対に しないように してください。

店長　　　それから、仕事をしながら携帯でメールをしたりしないでください。

ハヌル　　はい。あ、ちょっとすみません。メールが来たみたいです。

店長　　　あのー…。私の話、理解しましたか?

ハヌル　　はい。すみません。一生懸命頑張りますのでよろしくお願いします。

◎ 어구해설방

バイト(アルバイト)	~たことがある ~ㄴ 적이 있다		はじめて 처음
仕事 일(업무)	レジ 계산대	レジ打ち 계산	時給 시급
昼 낮	夜 저녁, 밤	深夜 심야	お客様 손님
いつも 항상	笑顔 웃는 얼굴	接する 접하다, 대하다	~ように ~도록
心がける 유의하다	定時 정시	20分前 20분전	出勤 출근
遅刻 지각	~ないでください ~지 마세요		特に 특히
無断 무단	欠勤 결근	絶対に 절대로	~ないように ~지 않도록
~ながら ~면서	携帯(携帯電話) 휴대폰	メール 메일	~みたい ~같다
話し 이야기	理解 이해	一生懸命頑張ります 열심히 하겠습니다	

助動詞

ようだ

1. 의미

비유	このロボットはまるで人間(にんげん)のようだ。	이 로봇은 마치 사람같다.
예시	例(れい)のように答(こた)えて下(くだ)さい。	보기처럼 대답해 주세요.
불확실한 단정	何時(いつ)か会(あ)ったような気(き)がします。	언젠가 본 듯한 느낌입니다.
목적	食(た)べ過(す)ぎないように気(き)をつける。	과식하지 않도록 주의를 기울이다.

2. 접속

품사	기본형	접속	해석
동사	降(ふ)る	ふるようだ。	내리는 것 같다.
형용사	忙(いそが)しい	いそがしいようだ。	바쁜 것 같다
형용동사	立派(りっぱ)だ	りっぱなようだ。	훌륭한 것 같다
조동사(과거)	行(い)った	いったようだ。	간 것 같다
연체사	この	このようだ	이와 같다
명사	花(はな)	花(はな)のようだ。	꽃과 같다.

☞ようだ는 조동사이지만 활용할 때는 명사취급을 한다. 접미어(~みたい)와 뜻이 같다. 따라서 ようだ앞에 체언이 올 경우에는 の가 필요하지만 みたい가 올 때는 の가 필요없다. 그리고 형용동사가 올 경우에는 연체형이란 점도 아울러 주의해야 한다.

예 ゆめのようだ。 ＝ゆめみたい
　　静(しず)かなようだ。 ＝静(しず)かみたい

3. 활용

未然形	腹(はら)が立(た)つようだろう。	화가 치밀 것 같지 않은가?
連用形	腹(はら)が立(た)つようだった。	화가 치밀 것 같았다.
	腹(はら)が立(た)つようでない。	화가 치밀 것 같지 않다.
	腹(はら)が立(た)つようになる。	화가 치밀게 되다.
終止形	腹(はら)が立(た)つようだ。	화가 치밀 것 같다.
連体形	腹(はら)が立(た)つような時(とき)	화가 치밀 것 같을 때
仮定形	腹(はら)が立(た)つようなら(ば)	화가 치밀 것 같으면

4. 활용표

基本形	未然形	連用形	終止形	連体形	仮定形	命令形
ようだ	ようだろ	ようだっ ようで /ように	ようだ	ような	ようなら	×
접속어	ウ	タ/アル/ナル	끝	トキ	(バ)	×

문법
연습방

종류		V	た	てから	たり	ながら
5段動詞 (V1)		誘(さそ)う				
		聞(き)く				
		読(よ)む				
		歌(うた)う				
		急(いそ)ぐ				
		争(あらそ)う				
1段動詞 (V2)		起(お)きる				
		感(かん)じる				
		心(こころ)がける				
		諦(あきら)める				
変格動詞 (V3)		する				
		来(く)る				

1 Vたことが ありますか。　　　~한 적이 있습니까?

① 誘^{さそ}う　　　　　　② 聞^きく

③ 読^よむ　　　　　　④ 諦^{あきら}める

2 いつも ~ように ~てください。　　항상 ~하도록 ~해 주십시오.

① 行^いく　　　　心^{こころ}がける　　② 復習^{ふくしゅう}する　　頑張^{がんば}る

③ 帽子^{ぼうし}を脱^ぬぐ　　注意^{ちゅうい}する　　④ 間^まに合^あう　　気^きをつける

3 ~ないように ~てください。　　~하지 않도록 ~하십시오.

① 遅刻^{ちこく}する　　急^{いそ}ぐ　　② 遅^{おく}れる　　頑張^{がんば}る

③ 忘^{わす}れる　　覚^{おぼ}える　　④ 滑^{すべ}る　　気^きをつける

4 ~しながら ~ないでください。　　~하면서 ~하지 말아 주십시오.

① 勉強^{べんきょう}する　　メールをする　　② 歩^{ある}く　　本^{ほん}を読^よむ

③ 映画^{えいが}を見^みる　　しゃべる　　④ 試験^{しけん}を受^うける　　よろ見^みをする

5 ~が(を)~たみたいです。　　~가(을)~한 것 같습니다.

① 風邪^{かぜ}を引^ひく　　② 友達^{ともだち}を呼^よぶ

③ メールが来^くる　　④ 郵便^{ゆうびん}が届^{とど}く

다음과 같이 대화해 봅시다.

Q	A
これ、飲んでもいいですか。	いいえ、だめです。飲まないでください。
明日、来てもいいですか。	いいえ、だめです。
そろそろ帰ってもいいですか。	いいえ、だめです。
嫌です！行きます！	おねがいします。

Q	A
日本に行ったことがありますか。	(一度) → はい。一度、行ったことがあります。
	(京都に) → はい。
	(ない) → いいえ。
	友達に聞いて見ましょう (친구에게 물어봅시다)

📷 일본의 편의점(서일본에서는 로손, 동일본에서는 세븐일레븐이 가장 많다.)

14 家族(かぞく)と住(す)んでいます。

ハヌルとスミが、さくらの家(いえ)に遊(あそ)びに行(い)きます。

하늘이와 수미가 사쿠라네집으로 놀러갑니다.

ハヌル	さくらさんは 一人暮(ひとりぐら)しですか。
さくら	いいえ、家族(かぞく)と 一緒(いっしょ)に 住(す)んでいます。
ハヌル・スミ	お邪魔(じゃま)します。
さくら	お父(とう)さん、お母(かあ)さん、ハヌちゃんとスミちゃんが来(き)たよ。
さくらの母(はは)	あらあら、いらっしゃい。はじめまして。さくらの母(はは)です。
さくらの父(ちち)	さくらの父(ちち)です。いつも娘(むすめ)がお世話(せわ)になっています。
スミ	あの、これは つまらないものですが…。
さくらの母(はは)	すみません。わざわざありがとうございます。

ハヌル	さくらさんは、毎朝 何時ごろ 起きるんですか。
さくら	7時半 ぐらいです。でも時々、二度寝しちゃうんです。
スミ	あはは。私も二度寝は得意です。
ハヌル	私も。早起きは苦手で…。
さくら	スミさん、ハヌルさん。
スミ・ハヌル	何ですか。
さくら	私たち、友だちだし、そろそろ敬語使うのやめませんか。
スミ・ハヌル	賛成〜！ あっ、壁にキンキのポスターが貼ってある！
さくら	私、キンキのファンなの。

🔘 어구해설방

一人暮し 독신 생활　　家族 가족　　　　　　住む 살다(거주하다)
〜て(で)いる 〜고 있다、〜아/어 있다　お邪魔します 실례하겠습니다(남의 집이나 방에 들어갈 때)
お父さん 아버지(아빠)　お母さん 어머니(엄마)　〜よ 강조하는 어미　あら 어머
いらっしゃい 어서 와요　母 어머니　　　　父 아버지　　　　娘 딸
お世話になっています 신세 지고 있습니다　つまらないもの 보잘 것 없는 것
わざわざ 일부러　　毎朝 매일 아침　　起きる 일어나다　　〜んですか 〜ㄴ/는 겁니까?
時々 가끔　　　　二度寝 일어났다 다시 자는 것　　〜ちゃう 아/어 버리다
得意 잘하다　　苦手 잘 못하다　　〜んです 〜거든요　そろそろ 슬슬
敬語 존댓말　　やめる 그만하다　　賛成 찬성　　　壁 벽
ポスター 포스터　貼る 붙이다　　　フアン 팬　　　〜(な)の 〜(이)거든

1. 자동사와 타동사

(1) 어형이 다른 것

~が＋自動詞	~を＋他動詞	~이(가)~한다.	~을(를)~한다
①音楽が聞える	音楽を聞く	음악이 들린다	음악을 듣는다
②山が見える	山を見る	산이 보인다	산을 본다
③おもちゃが動く	おもちゃを動かす	장난감이 움직인다	장난감을 움직인다
④火が消える	火を消す	불이 꺼진다	불을 끄다
⑤戸が閉まる	戸を閉める	문이 닫힌다	문을 닫는다
⑥子供が起きる	子供を起す	아이가 일어난다	아이를 깨운다
⑦パンが焼ける	パンを焼く	빵이 구워진다	방을 굽는다
⑧赤ちゃんが泣く	赤ちゃんを泣かす	아기가 운다	아기를 울린다
⑨ご飯が残る	ご飯を残す	밥이 남는다	밥을 남긴다
⑩煙が立つ	煙を立てる	연기가 난다	연기를 낸다
⑪水が流れる	水を流す	물이 흐른다	물을 흘린다
⑫賃金が上がる	賃金を上げる	임금이 오른다	임금을 인상한다
⑬窓が開く	窓を開ける	창문이 열린다	창문을 연다
⑭木の実が落ちる	木の実を落とす	열매가 떨어진다	열매를 떨어뜨린다
⑮車が止る	車を止める	차가 선다	차를 세운다

(2)어형이 같은 것

~が＋自動詞	~を＋他動詞	~이(가)~한다.	~을(를)~한다
①風が吹く	笛を吹く	바람이 분다	피리를 분다
②水が増す	水を増す	물이 붇는다	물을 불린다
③心が急ぐ	道を急ぐ	마음이 조급해지다	길을 재촉하다
④戸が開く	口を開く	문이 열린다	입을 열다
⑤午後に終わる	授業を終える	오후에 끝난다	수업을 끝내다

(3) 본동사와 보조동사

본동사	보조동사
① ここに辞書がある。 여기에 사전이 있다.	これは辞書である。 이것은 사전이다.
② 車がくる。 자동차가 온다.	風が吹いてくる。 바람이 불어온다.
③ 歌舞伎を見る。 카부키를 본다.	辞書を引いてみる。 사전을 찾아 본다.
④ お客が居間にいる。 손님이 거실에 있다.	花が咲いている。 꽃이 피어 있다.
⑤ おもちゃをあげる。 장난감을 주다.	靴を磨いてあげる。 구두를 닦아 주다.
⑥ 本を机の上におく。 책을 책상 위에 놓다.	引出しにしまっておく。 서랍에 넣어두다.
⑦ 有名な詩人になる。 유명한 시인이 되다.	本をお読みになる。 책을 읽으신다.
⑧ お土産をくださる。 선물을 주신다.	名前を覚えてくださる。 이름을 외워주신다.
⑨ 先生がいらっしゃる。 선생님이 계신다.	絵を見ていらっしゃる。 그림을 보고계시다.
⑩ 花をいただく。 꽃을 받는다.	体を見ていただく。 진찰을 받다.
⑪ 本をバッグにしまう。 책을 백에 넣는다.	皆、帰ってしまった。 모두 돌아가 버렸다.
⑫ お年玉をもらう。 세뱃돈을 받는다.	ケーキを買ってもらう。 케잌을 사 받는다.
⑬ 犬に餌をやる。 개에게 먹이를 주다.	お金を貸してやる。 돈을 빌려 주다.

※ ~ている와 ~てある

~が他動詞+てある	~を他動詞+ている	~が自動詞+ている
窓が開けてある。 창문이 열려져 있다.	窓を開けている。 창문을 열고 있다.	窓が開いている。 창문이 열려 있다.
水が入れてある。 물이 넣어져 있다.	水を入れている。 물을 넣고 있다.	水が入っている。 물이 들어 있다.
竿が立ててある。 장대가 세워져 있다.	竿を立てている。 장대를 세우고 있다.	竿が立っている。 장대가 서 있다.
동작을 받은 결과의 상태	동작/작용의 진행	단순한 상태

※ 자동사+ている(계속동사:동작의 진행/ 순간동사:단순한 상태)

1. 동작의 진행

   雨が降っている　　星が光っている　　車が走っている　　坂道を昇っている

   せみが鳴いている

2. 단순한 상태

   彼は死んでいる　　草が生えている　　水が入っている　　窓が開いている

1 　～と 一緒に ～て(で)います。　　～와 ～하고 (～해)있습니다.

❶ 友達・勉強する　　　　❷ 両親・暮す

❸ 東京タワー・そびえる　　❹ 母・墓参り

2 　でも時々、～ちゃうんです。　　～하지만 가끔 ～하고 맙니다.

❶ 朝寝坊する　　　　❷ 忘れる

❸ 文句を言う　　　　❹ 愚痴をこぼす

3 　～が～てあるね。　　～가 되어 있네.

❶ 悪戯書きをする　　　　❷ 車を止める

❸ パンを焼く　　　　❹ 灯を消す

📷 '바다 위의 주택가'인공섬인 고베 록코 아일랜드(神戸・六甲アイランド)

![대화연습방]

🎤 다음과 같이 대화해 봅시다.

Q	A
最近、どんな本を読んでいますか。	村上春樹や、よしもとばななの本を読んでいます。
友達と話してみましょう(친구랑 대화해봅시다)	
ドラマ	
歌	
お菓子	

Q	A
○○さんの家族構成は？	父と母と兄と私の4人家族です。
友達と話してみましょう (친구랑 대화해봅시다) ○○さんの家族構成は？	の　　　人家族です。

📷 일본 전통과자 집

15 留学生も入部することができますか。

りゅう がく せい

にゅう ぶ

ハヌルとスミが、サークルに入部しようとしています。
하늘이와 수미가 동아리를 들어가려고 합니다

 model dialog 1

ハヌル	ねえ、さくらはクラブとかサークルはもう決めた?
さくら	「グルメ研究会」に入ったよ。
ハヌル	何それ?
さくら	とにかく、おいしいものを食べるのが目的のサークルなの。
ハヌル	太るよ。
さくら	うるさいよ。

スミ　　　　琢磨は?

琢磨　　　　僕は、サッカーのサークル。本格的なサッカー部じゃないから、
　　　　　　楽しみながら活動できるんだよね。

スミ　　　　淳一は?

淳一　　　　俺?俺は大学のクラブなんか興味ないよ。勉強一筋だから。

スミ　　　　へ、へえ…すごいね。

◎ 어구해설방

クラブ 클럽	サークル 서클	もう 벌써, 이미	決める 결정하다
グルメ 미식(가)	研究会 연구회	入る 들어가다	目的 목적
(な)の 거든	太る 살이 찌다	うるさい 시끄럽다	俺 나(남자말)
サッカー 축구	本格的 본격적	楽しむ 즐기다	活動 활동
できる 할 수 있다	んだよね ㄴ/는 거지?	なんか 따위	興味 흥미
一筋 한 줄기, 또는 어떤 하나에만 전념한다는 뜻.			すごい 대단하다

＜クラブハウスで＞

ハヌル　あった。ここが「カラオケ部」の部室ね。(ノックする)

部員A　はーい。

ハヌル　あ、私、韓国から来たパク・ハヌルと申します。

スミ　私は、イ・スミです。

部員B　お、韓国の人?アンニョンハシムニカー。

ハヌル　こんにちは…。あの、このクラブは留学生も入部することができます
　　　　か。

部員A　もちろん、できますよ。カラオケ好きなんですか。

部員B　ノレバン、チョアハムニカ?

スミ　　＾＾;;; は、はい。ところで、普段はどんな活動をしているんですか。

部員A　毎日カラオケ行ったり、あとは月に一回、「24時間カラオケ大会」があ

　　　るよ。

ハヌル　そ、そうですか。楽しそうですね‥。じゃあまた来ますね。失礼しま

　　　す。

スミ　　24時間って、ありえないよね。

ハヌル　うん。しかも月に一回って‥。他のところ探さない?

スミ　　うん。そうだね。

🔊 어구해설방

部室 동아리 방	ノック 노크	留学生 유학생	入部 입부
普段 평소	月 한 달	大会 대회	ありえない 있을 수 없다 ~
よね ～지?	しかも 게다가, 더구나	～回 ～번	ところ 곳, 데
探す 찾다	そうだね 그래		

副詞

1. 부정어와 호응

必ずしもそうとはかぎらない。	반드시 그렇지만은 않다
そんなことは**すこしも**気にしない。	그런 일은 조금도 신경 쓰지 않는다.
横綱には**とうてい**勝てない。	요코즈나에게는 도저히 이길 수 없다.
お酒は**全**く飲めない。	술은 전혀 못 마신다.
漢字は**全然**読めない。	한자는 전혀 읽을 수 없다.
子供に見せては**絶対**いけない。	아이에게 보여서는 절대 안된다.
彼は**決して**嘘つきじゃない。	그는 결코 거짓말쟁이가 아니다.
昨夜は**なかなか**眠れなかった。	어젯밤은 좀처럼 잠을 이룰 수가 없었다.
その本は**ちっとも**面白くない。	이 책은 조금도 재미있지 않다.
仕事が**さっぱり**手に負えない。	일을 전혀 감당할 수가 없다.
彼は**めったに**笑わない。	그는 좀처럼 웃지 않는다.
あながち悪いとは言えない。	반드시 나쁘다고만은 할 수 없다.
まんざら興味がないでもない。	그다지 흥미가 없는 것도 아니다.

2. 비유와 호응

まるで夢のようだ。	마치 꿈과 같다.
あたかも夢を見ているような気分だ。	마치 꿈을 꾸고 있는 듯한 기분이다.
桜の花が**ちょうど**雪のように舞っている。	벚꽃이 눈처럼 흩날리고 있다.
さも疲れはてたように座ってている。	아주 피로한듯이 앉아 있다.
いかにも嬉しそうに笑っている。	제법 기쁜듯이 웃고 있다.

3. 추량표현과 호응

明日はたぶん雪でしょう。 내일은 아마 눈이 내릴 것입니다.

おそらく渋滞に巻き込まれているだろう。 아마 정체에 휘말릴 것이다.

まさか彼が犯人ではないだろう。 설마 그가 범인은 아닐 것이다.

さぞお腹がすいたでしょう。 아마 배가 고플 것이다.

4. 희망표현과 호응

どうぞご遠慮なくお持ち帰り下さい。 부디 사양말고 갖고 가세요.

どうしても見たいところだが、 어떻게든 보고싶지만

なにとぞお許し下さい。 제발 용서해주십시오.

どうか、わけを言って下さい。 부디 이유를 말해주십시오.

ぜひ、見せてください。 꼭 보여주십시오.

くれぐれも、おかまいなく 아무쪼록 개의치 마시고

5. 의문표현과 호응

はたして地球の未来はどうなるだろうか。 과연 지구의 미래는 어떻게 될것인가.

いったい彼は生きているのだろうか。 도대체 그는 살이 있는 걸까?

どうして私を信じないのか。 어째서 나를 믿지 않는 것이냐

いかに難しいのか読んで見てわかった。 얼마나 어려운지 읽어보고 알았다.

6. 금지표현과 호응

これからは決して怠けるな。 이제부터는 결코 게으르지 마라

だんじて許さんぞ。 단연코 용서하지 않겠다.

7. 가정표현과 호응

もし雨が上がったら、出発する。 혹시 비가 갠다면 출발한다.

たとえ高くても買おう。　　　　　　　　　가령 비쌀지라도 살 것이다.

いくら貧乏でもそれくらいはできるよ。　아무리 가난해도 그것 정도는 할 수 있어.

8. 강조표현과 호응

さすが天才は違う。　　　　　　　　　　과연 천재는 달라.

とにかくやってみるしかない。　　　　　어쨌든 해보는 수밖에 없다.

9. 두 가지 이상의 의미를 가진 부사

とてもかわいい。　　　　　　　　　　　너무 귀엽다.

とても叶わない。　　　　　　　　　　　도저히 감당할 수 없다.

なかなか眠れない。　　　　　　　　　　좀처럼 잘 수 없다.

なかなかうまい。　　　　　　　　　　　굉장히 맛있다.

あの兄弟はまるで似ていない。　　　　　저 형제는 전혀 닮지 않았다.

今日の風はまるで台風みたいだ。　　　　오늘 바람은 마치 태풍같다.

私はその本にはあまり興味がない。　　　나는 그 책에는 별로 관심이 없다.

その映画はあまり面白くて4回も見た。　그 영화는 너무나 재미있어 4번이나 봤다.

それはまったくうそだよ。　　　　　　　그것은 완전히 거짓이다.

まったくできない。　　　　　　　　　　전혀 알 수 없다.

どうも、ありがとう。　　　　　　　　　대단히 고마워.

どうも風邪を引いたらしい。　　　　　　아무래도 감기에 걸린 것 같다.

さっぱりした味だ。　　　　　　　　　　담백한 맛이다.

それはさっぱりわからない。　　　　　　그것은 전혀 모른다.

ちょうどいいところに来たね。　　　　　마침 잘 왔다.

ちょうど12時を廻ったところだ。　　　정각 12시를 지나고 있다.

1　もう～た？　　　　　　　　벌써～했니.

① 諦める　　　　　　　② 始める

③ 見る　　　　　　　　④ 謝る

2　とにかく、～のが ～なの　　어쨌든 ～것이 ～한 거야

① 優勝する・目当

② 本を手軽に手にいれることができる・ブックオフ

③ 値段がやすい・100円ショップ　　④ 便利だ・コンビニ

3　～ながら～(ら)れる・できるんだよね ～하면서 ～할 수 있거든

① 楽しむ・勉強する　　　　　② 働く・大学に通う

③ 車に乗る・見物する　　　　④ 食事をする・鑑賞する

4　～なんか興味ないよ　　　　～따위 ～관심 없어

① 彼氏　　　　　　　　② 雑誌

③ 芸能人　　　　　　　④ 政治

5　～なのかな　　　　　　　～일까?

① 意地っ張り　　　　　② おしゃべり

③ 物好き　　　　　　　④ 生真面目

6　～ことができますか。　　～할 수 있나요?

① 入部する　　　　　　② 歌詞を見ないで歌う

③ 英語で話す　　　　　④ 山に登る

7 普段は〜(を・に・が・で 等)〜ているんですか。
　　　　　　　　　　平소에는〜조사〜고 있어요?(궁금한 것에 대해)

❶ 何(を)・する
❷ どんなこと(に)・気をつける
❸ どんな花(が)・咲く
❹ どんなお店(で)・買い物をする

8 A/AV(어간)/V(ます形)+そうですね　　〜할 것 같군요.

❶ 盛り上がる
❷ きりがない
❸ 手に負えない
❹ 座り心地が良い

9 他の〜〜ない?　　　　　다른〜 〜하지 않을래?

❶ 食べ物・食べる
❷ 乗り物・乗る
❸ 日・来る
❹ 本・読む

![대화연습방]

다음과 같이 대화해 봅시다.

Q	A
普段、どんな運動をしているんですか。	ジョギングをしたり、あとは、腹筋をしています。
友達と話してみましょう。	
普段、週末は何をしているんですか。	
日本語はどんな方法で勉強しているんですか。	

Q	A
英語が話せますか。	はい。少し話せます。／いいえ、まったく話せません。
友達と話してみましょう。	
車の運転ができますか。	
料理	
水泳	

◎ 황거(皇居) 니쥬우바시 앞(二重橋前)

97

16 合コンがあるんだけど。

ハヌルが合コンで、運命的な出会いをすることになります。

하늘이가 미팅에서 운명적인 만남을 하게 됩니다.

 model dialog 1

さくら　　ねえ、今週の金曜日　空いてる?

ハヌル　　うん。何かあるの?

さくら　　うん。合コンがあるんだけど、行かない?

スミ　　　まじでー!?行く行く!絶対行く!

ハヌル　　あれ?スミは金曜日　約束あるって言ってたじゃん。

スミ　　　そうだっけ?全然大丈夫。オダジョーみたいな人、いるかな?

さくら　　いないと思う・・・。でも、幹事の子に、イケメンしか呼ばないでっ
　　　　　て言っといたから、期待していいと思うよ。

ハヌル　　　ほんと?まあ、男は顔だけが全てじゃないけどね。

　　　　　　やっぱり性格が大事でしょ。

スミ　　　　そういうハヌルが、いちばん面食いじゃん。

ハヌル　　　そんなことないよ。とにかく楽しみだなー。

さくら　　　時間と場所は、またあとで連絡するね。

◎ 어구해설방

ねえ 있잖아	空く 비다	何か 무언가	合コン(合同コンパ) 미팅
まじ(で) 진짜(로)(회화체)	あれ 어라	って ~라고(회화체)	~じゃん ~잖아
そうだっけ 그랬나?	約束 약속	全然 전혀	大丈夫 괜찮다
~と思う ~라고 생각한다	幹事 간사	子 아이	~しか 밖에
呼ぶ 부르다	期待 기대	顔 얼굴	全て 전부, 모두
性格 성격	大事 중요하다	~でしょ ~죠	面食い 얼굴 밝히는 사람
とにかく 아무튼	楽しみだ 기대된다	場所 장소	あとで 이따가
~ね ㄹ게			

model dialog 2

<居酒屋で>

ハヌル	ちょっと、あの人まじかっこよくない?
スミ	うわ、ほんと。あ、こっち来たよ!
さくら	やっぱり二人とも面食いじゃん。

小田昌一	ここ、いいですか。
ハヌル	はい、どうぞ···。あの、私、パク・ハヌルです。
小田	おれは小田昌一、みんなからはオダショーって呼ばれてます。
ハヌル	名前までそっくり···
小田	え?
ハヌル	いや、なんでもないです。
小田	ハヌルさんって、韓国の人ですか?韓国の女の人ってみんなこんなに美人なの?
ハヌル	いえ、美人だなんて、そんなこと言われたの初めてです。

◎ 어구해설방

うわ 우와	二人とも 두 명 다	呼ばれる 불리다	そっくり 꼭 닮았다
なんでもない 아무것도 아니다	美人 미인	(だ)なんて ~라니	言われる (어떤 소리를)듣다

助動詞

~せる~させる

1. 의미

~하게 하다

2. 접속

V1(5段動詞)＋せる	V2(1段動詞)＋させる	V3(変格動詞)	
語尾를 ア段으로 변환 후	ル를 탈락시키고	する→さ＋ せる・くる→こさせる	

3. 활용

V2(下一段活用)

4. 용례

V1＋せる	활용형	의미
待(ま)た せる	未然形	기다리게 하지 않는다.
せよう	未然形	기다리게 하자, 하겠지, 하려고
せます	連用形	기다리게 합니다.
せる	終止形	기다리게 한다.
せるとき	連体形	기다리게 할 때
せれば	仮定形	기다리게 하면
せろ(せよ)	命令形	기다리게 해라.

V2＋せる	활용형	의미
食(た)べさせる	未然形	먹게 하지 않는다.
させよう	未然形	먹게 하자, 하겠지, 하려고
させます	連用形	먹게 합니다
させる	終止形	먹게 한다
させるとき	連体形	먹게 할 때
させれば	仮定形	먹게 하면
させろ(せよ)	命令形	먹게 해라

5. 활용연습

行く	行かせる	行かせない	行かせよう	行かせれば	行かせろ
笑(わら)う					
磨(みが)く					
泳(およ)ぐ					
話(はな)す					
死(し)ぬ					
呼(よ)ぶ					
見(み)る					
着(き)る					
起(お)きる					
集(あつ)める					
捨(す)てる					
けんかする					
来(く)る					

親（おや）は子供（こども）を私立学校（しりつがっこう）に行（い）かせます。 부모는 아이를 학교에 가게합니다.

❶ いろんな方法（ほうほう）で勉強（べんきょう）する

❷ 朝早（あさはや）く起（お）きる

❸ 見舞（みま）いに来（く）る

❹ 椅子（いす）に座（すわ）る

~れる~られる

1. 의미

의미	수동/受身(うけみ)	존경/尊敬(そんけい)	자발/自発(じはつ)	가능/可能(かのう)
해석	~되다, 당하다	~하시다	저절로~되다, 지다	~할 수 있다

2. 접속

V1(5段動詞)	V2(1段動詞)	V3(変格動詞)
語尾를 ア段으로 변환 후	ル를 탈락시키고	する→さ+れる・くる→こられる

3. 활용

V2(下一段活用)

4. 용례

<table>
<tr><td rowspan="5">수동</td><td>私は</td><td>先生</td><td>に</td><td>ほめられた</td><td>나는 선생님께 칭찬받았다.</td></tr>
<tr><td>きのうは</td><td>雨</td><td>に</td><td>降られた</td><td>어제는 비를 맞았다.</td></tr>
<tr><td>弟は</td><td>蚊</td><td>に</td><td>刺された</td><td>동생은 모기에 물렸다.</td></tr>
<tr><td colspan="4">卒業式は2月に行われる。</td><td>졸업식은 2월에 열린다.</td></tr>
<tr><td colspan="4">そう言われるのは始めてだ。</td><td>그렇게 들은 것은 처음이다.</td></tr>
<tr><td rowspan="3">존경</td><td colspan="4">先生が本を読まれた。</td><td>선생님께서 책을 읽으셨다.</td></tr>
<tr><td colspan="4">お客さんが買われました。</td><td>손님이 사셨습니다.</td></tr>
<tr><td colspan="4">亡くなられた方はどなたですか。</td><td>돌아가신 분은 누구십니까?</td></tr>
<tr><td rowspan="3">자발</td><td colspan="4">母の病気が案じられる。</td><td>(불현듯) 엄마의 병이 걱정된다.</td></tr>
<tr><td colspan="4">亡き恩師の姿が偲ばれる。</td><td>(문득) 돌아가신 은사의 모습이 그리워진다.</td></tr>
<tr><td colspan="4">病状の回復が待たれる</td><td>명상의 회복이 기다려진다.</td></tr>
<tr><td rowspan="4">가능</td><td colspan="4">そんなに早くは起きられない。</td><td>그렇게 일찍은 일어날 수 없다.</td></tr>
<tr><td colspan="4">その料理はあの店で食べられる。</td><td>그 요리는 저 식당에서 먹을 수 있다.</td></tr>
<tr><td colspan="4">君なら、彼の記録を越えられる。</td><td>너라면 그의 기록을 넘을 수 있다.</td></tr>
<tr><td colspan="4">早く来られるのは誰なの。</td><td>일찍 올 수 있는 자는 누구니?</td></tr>
</table>

5. 특수한 수동

1. 자동사의 수동
피해의식의 표현(迷惑の表現)

> 泥棒が入った。(도둑이 들어오다) ➡ 泥棒に入られた。(도둑맞았다.)

① 雨が降る。(비가 내리다) ➡

② 赤ちゃんが泣いた。(아이가 울었다) ➡

③ 友だちが来た。(친구가 왔다) ➡

④ 父が死んだ。(아버지가 죽었다) ➡

2. 사역형의 수동
마지못해 하지 않으면 안 되는 상황에 처하는 경우

> 母は子供に薬を飲ませた。　　　　　➡子供は母に薬を飲ませられた。
> (아이는 엄마의 성화로 약을 복용해야 했다.)　＝薬を飲まされた。

① 先生は生徒を廊下に立たせた。(선생님은 학생을 복도에 서게 했다.)

➡

② 両親は子供に勉強させた。(부모는 아이에게 공부하게 했다)

➡

③ 先生は生徒を図書館へ行かせた。(선생님은 학생을 도서관에 가게했다)

➡

④ 主人は旅人をお風呂に入らせた。(주인은 나그네를 목욕하게 했다)

➡

1 ～が～んだけど、～ない？　　～가 ～는데 ～하지 않겠어?

❶ 勉強会・ある・行く

❷ ライブのチケット・手に入った・見に行く

❸ 新しいゲーム・買った・しに来る

❹ さっき買ったケーキ・残って(い)る・食べる

2 ～って言ってたじゃん。　　～라고 하지 않았어?

❶ 先約がある

❷ お酒は飲めない

❸ そんなことできない

❹ 自信がある

3 ～しか～でって言っといたから、　　～밖에 ～지 말라고 말해놓았으니까

❶ 少し・飲まない

❷ 体にいい物・食べない

❸ 韓国語・使わない

❹ 安い服・買わない

4 やっぱり～が～でしょ。　　역시 ～가 ～하지?

❶ 学費・問題

❷ 成績・邪魔物

❸ わが家・一番

❹ 仕事・大事

5 そういう～が、いちばん～じゃん。　　그런 ～가 가장 ～하지 않아?

❶ 田中さん・泣き虫

❷ 藤田さん・弱虫

❸ 鈴木さん・意地っ張り

❹ 小田さん・嘘つき

대화
연습방

 다음과 같이 대화해 봅시다.

状況(상황)	A
あそこに、かっこいい人がいる。	ちょっと、あの人まじかっこよくない？
あそこに、かわいい犬がいる。	
今食べている、 カルボナーラがおいしい。	

Q	A
まあ、男は顔だけが全てじゃないけどね。	やっぱり性格が大事でしょ。
友達と話してみましょう。	
まあ、男は顔だけが全てじゃないけどね。	
まあ、女は顔だけが全てじゃないけどね。	
まあ、人生はお金だけが全てじゃないけどね。	

📷 홋카이도오 삽포로시(北海道·札幌市)의
오오도오리(大通り) 공원

📷 토오쿄오·오모테산도오(東京·表参道)의 오픈 카페

이것은 일본의 한 술집의 광고다. 일본의 술집이 모여 있는 곳으로 가면 이와 같은 「食べ放題・飲み放題」라는 말이 자주 눈에 들어온다. 원래 「放題」란, '마음대로' '하고 싶은 대로'라는 뜻이다. 따라서 「食べ放題・飲み放題」는 마음껏 먹고, 마실 수 있다는 뜻이 된다.

이 광고의 술집 같은 경우에는 1880엔만 내면 90분 동안 60가지의 중국요리를 마음껏 먹을 수 있고, 2980엔을 내면 술도 무제한으로 마실 수 있는 것이다.

한국사람에게 '일본은 물가가 비싸다' '일본 식당은 조금밖에 안 준다'는 이미지가 있다. 그게 다 틀린 것은 아니지만 전부가 아니다. 예를 들어 회전초밥은 일반적으로 한국보다 일본이 싸고 사이즈도 크다. 그리고 규동(牛丼, 소고기 덮밥)이나 우동 등 500엔 이하로 먹을 수 있는 음식도 있고, 이 '食べ放題'처럼 마음만 먹으면(?) 얼마든지 먹을 수 있는 집도 있다. 이런 식당, 술집을 이용해서 맛있고 배부른 일본 여행도 즐길 수 있다.

전국의 食べ放題가 있는 집(극히 일부)

식당 이름(메뉴)	내 용	지점(전화번호)
風風亭 (갈비)	2604엔 코스, 3129엔 코스가 있음. 1000엔을 추가하면 술도 무제한.	東京・新宿(03-5273-2451) 大阪・難波(06-6632-2020)
モーモーパラダイス (샤브샤브・스키야끼)	샤브샤브 또는 스키야끼를 1680엔으로 무제한.	東京・新宿(03-3208-0135) 神奈川・川崎(044-223-3577)
シェーキーズ (피자)	평일 점심 850엔, 저녁 1180엔, 주말은 하루 종일 1180엔으로 무제한.	東京・新宿(03-3341-0322) 京都・新京極(075-255-1325)
スイーツパラダイス	1480엔으로 90분 동안 30가지의 디저트와 음료수를 무제한으로.	大阪・難波(06-6211-1261) 東京・銀座(03-3538-9020)
サンバ ブラジル ジャパン(브라질 요리)	남성2500엔, 여성1900엔으로 무제한. (오후6시~10시, 월요일 제외)	名古屋・栄(052-251-1051)
なぎの炎(곱창전골)	일본식 곱창전골과 18가지 요리를 3000엔으로 마음껏 먹을 수 있다.	福岡・天神(092-738-5007)

17 あの人にまた会いたい！

ハヌルが、合コンで知り合ったオダショーのことが忘れられず、
さくらに相談します。
하늘이가 미팅에서 만났던 오다쇼를 잊을 수 없어 사쿠라에게 이야기합니다.

さくら	何?相談って。
ハヌル	あのね…。
さくら	どうしたの?
ハヌル	この前、合コンに来てた、オダショーさん、分かる?
さくら	もちろん。彼、私と同じ高校だったから。
ハヌル	まじ!?あのね。私、どうしても、あの人にまた会いたいんだ。

さくら　　へー。ハヌルって、ああいうのがタイプなんだ。まあ確かにかっこ
　　　　　いいよね。

ハヌル　　うん。でね、どうすればいいかわからなくて…。

さくら　　じゃあ携帯に直接メールしてみたら?メルアドわかるでしょ?

ハヌル　　えーー。でも、もし会いたくないって言われたら…。

さくら　　そんなのわかんないじゃん。彼にも会う意思があるかどうか、自分
　　　　　で確かめた方がいいよ。

ハヌル　　そうだよね…。会いたくないって言われたら、その段階であきらめ
　　　　　るつもりだし。勇気出して、連絡してみる。

さくら　　うん。頑張って。私も応援してるから。

◎ 어구해설방

相談 상담, 상의	どうしたの 무슨 일이야?	この前 저번에	わかる 알다
どうしても 어떻게든	～たい ～고 싶다	へー 그렇군	確かに 확실히
でね 그래서(회화체)	直接 직접	～てみる ～해보다	～てみなよ ～해봐
もし 만약	～たくない 고 싶지 않다	意思 의사	～かどうか ～지 어떤지
確かめる 확인하다	～(た)方がいい ～하는 것이 좋다		～たら ～면
段階 단계	あきらめる 포기하다, 체념하다		～つもりだ ～할 생각이다
勇気 용기	出す 내다	応援する 응원하다	

助動詞

~たい・~たがる

1. 의미

~하고 싶다   ~하고 싶어하다

2. 접속

V1+たい・たがる	V2+たい・たがる	V3(変格動詞)
語尾를 イ段으로 변환 후	ル를 탈락시키고	する・くる→し・き+ たい・たがる

3. 활용

S₁ たい : 형용사형 활용

S₃ たがる : 5단동사(V1)형 활용

4. 용례

V(用)+たい	활용형	의 미
行きたかろう	未然形	가고 싶을 것이다.
行きたかった	連用形	가고 싶었다.
行きたくなった	連用形	가고 싶어졌다.
行きたくない	連用形	가고 싶지 않다.
行きたい	終止形	가고 싶다.
行きたい時もある	連体形	가고 싶을 때도 있다.
行きたければ	仮定形	가고 싶다면

V(用)+たがる	활용형	의 미
行きたがらない	未然形	가고 싶어하지 않는다.
行きたがろう	連用形	가고 싶어 할 것이다.
行きたがります	連用形	가고 싶어 합니다.
行きたがる	連用形	가고 싶어 하다.
行きたがる時	終止形	가고 싶어 할 때
行きたがれば	連体形	가고 싶어 하면
×	仮定形	×

5. 활용연습

行く	行きたい	行きたがる	行きたかろう	行きたがれば
笑(わら)う				
磨(みが)く				
泳(およ)ぐ				
話(はな)す				
死(し)ぬ				
呼(よ)ぶ				
見(み)る				
着(き)る				
起(お)きる				
集(あつ)める				
捨(す)てる				
けんかする				
来(く)る				

1 あの〜また〜たいんだ。　　　그〜와 〜하고 싶어.

① 人(い)・会う　　　② 場所(い)・行く
③ 歌(を)・聞く　　　④ スープ・飲む

2 どう〜(れ)ばいいかわからなくて…。　어찌〜하면 좋을지 몰라서…

① 行く　　　② 考える
③ 尋ねる　　　④ 接する

3 じゃあ〜てみたら？　　　그럼, 〜하면 어떻겠니?

① 謝りの手紙を書く　　　② 電話をかける
③ ぐっすり眠る　　　④ チャレンジする

4 もし〜って言われたら…　　혹시 〜하고 싶지 않다고 한다면.

① 会いたくない　　　② 見たくない
③ 食べたくない　　　④ 付合いたくない

5 〜かどうか、〜た方がいいよ。　　〜일지 어떨지는〜하는 편이 좋겠어.

① ある・確かめる　　　② 行ってもいい・聞く
③ テストに出る・質問する　　　④ まだ注文できる・問い合わせる

6 〜ない方がいい　　　〜하지 않는 편이 좋겠다.

① 人と比べる　　　② 夜更かしする
③ ため息をつく　　　④ 気にする

7

~って言われたら、その段階で~つもりだし。

~라고 한다면 그때 ~할 생각이고

① 会いたくない・あきらめる

② 見込みがない・足を洗う

③ 冷めた・別れる

④ 無理だ・他の方法を探す

◎ 세계에서도 최대 규모인 오키나와현 추라지마
수족관(沖縄県・美ら島水族館)

대화
연습방

 다음과 같이 대화해 봅시다.

Q	A
私、ダイエットしたいんだ。	じゃあ、運動してみたら？
(歌が上手になる)	(合唱団に入る)
(あの人と仲よくなる)	(笑顔であいさつする)
(お金持ちになる)	考えてみましょう(생각봅시다)
(長生きする)	考えてみましょう(생각봅시다)

📷 일본의 휴대폰 가게

이제 대부분의 사람들, 특히 젊은이들이 휴대폰 없이는 못살겠다는 점에서는 한국이나 일본이나 똑같다. 그런데 두 나라의 휴대폰 사정, 휴대폰 문화를 비교해보면 조금씩 차이점을 찾아볼 수 있다.

예컨대, 「顔文字」(이모티콘)을 들 수 있다. 원래 이모티콘은 미국에서 시작된 것인데, 미국식 이모티콘(smily)는 「:-)」(웃음) 「:-(」(화남) 등, 얼굴을 옆에서 본 것이 주류이며 우리가 쓰는 것과는 다르다. 그런 면에서는 일본의 이모티콘은 우리나라와 비슷한데, 컴퓨터에서 쓰는 것을 포함해 몇 가지를 소개하고자 한다.

이모티콘	의미	이모티콘	의미
(・◇・)ゞ	알겠습니다(경례)	(*＾ω＾)ノ∠※PAN！	축하해!
ｺ(´д｀)┌	어이가 없다	(pдq｡)ﾜｰﾝ	울음
(￣ー￣)	히죽	(∩∀`*)ｷｬｯ	쑥스러워
‖Φ‖(｜゜∀゜|)Φ‖	체포	(○＾ω＾)且~~♪	차라도 드시죠
(((　；゜д゜)))ガクガクブルブル	덜덜덜덜	∪ヽ(●-｀д´-)ノ彡☆	술 가져와~!
∴ゞ(ε´ ●)ﾌﾞﾊｯ!!	웃기다(웃음을 터뜨리다)	(oʼ・ω・)_串	닭꼬치 드세요
(´_｀)ﾌﾟｯ	비웃음	(o・ω・)o□☆□o(・ω・o)	건배
Ｌ(゜皿゜メ)」	화나다	σ(#)д｀)	모기에 물렸다
ヽ(゜д゜;)ノ!!	놀라다	(卍)_ρ(д`｡)	선풍기 켜자

또한, 한국과 차이가 나는 것으로서는 '문자 메시지'를 들 수 있다. 일본에서는 같은 통신사끼리라면 문자 메시지(ショートメール ; 쇼트 메일)를 이용할 수 있는데, 통신사가 다른 경우에는 e메일을 이용해야 한다. 따라서 일본에서 휴대폰을 가지고 있는 사람은 대부분 휴대폰의 이메일 주소를 가지고 있다(예를 들어 통신사가 NTT DOCOMO라면 e메일 주소의 뒷부분이 @docomo.ne.jp가 된다). e메일은 쇼트 메일보다 불편할 것 같지만 보낼 수 있는 용량도 훨씬 크고, 컴퓨터의 e메일과도 직접메일을 주고받을 수 있기 때문에 그런 면에서는 편리한 점도 많다.

그리고 일본은 휴대폰으로 인터넷을 많이 이용하는 것도 특징적이다. 2006년 1월에 실시된 일본 총무성(總務省)에 의한 조사결과에 따르면, 평소에 컴퓨터로 인터넷을 이용하는 사람이 6,601만 명인에 비해, 주로 휴대폰으로 인터넷을 이용하는 사람은 그것보다 많은 6,923만 명이었다. 따라서 일본의 주요 포털 사이트는 대부분 휴대폰에서도 이용할 수 있으며, 음식점이나 레저 시설도 휴대폰에서 할인 쿠폰을 발행하는 등 휴대폰을 이용한 홍보에 힘을 기울이고 있다.

또한, 일본의 휴대폰 통신사의 TV 광고를 보면 'パケット(paket)代'라는 말이 자주 나오는데, paket이란 원래 데이터 전송의 단위이며, パケット(paket)代란 이와 같은 휴대폰을 이용한 인터넷 사용 등의 데이터 통신 비용을 말한다.

18 デートしてもらえませんか。

ハヌルがオダショーに電話をします。

하늘이가 오다쇼에게 전화를 합니다.

ハヌル　　どうしよう。心臓が止まりそう・・・。でも思いきってかけてみよう。今日学校で、「案ずるより生むが易し」って習ったし。

プルルル・・・

「はい、元気ラーメンです」

ハヌル　　あ、あの、味噌ラーメン2つと、・・・じゃなくて、間違えました。すみません！
間違えちゃった・・。今度こそ・・・。

小田　　もしもし。あ、ハヌちゃん?

ハヌル　　あの、今電話できますか?

小田　　うん。大丈夫だよ。ハヌちゃんから電話してくれるなんて、嬉しいな。でも、もう敬語はやめてよ。

ハヌル　　あ、うん。オダショーって、休みの日は何してるの?

小田　　そうだなぁ。宿題したり、バイトしたり、そんな感じかな。ハヌちゃんは?

ハヌル　　部屋の掃除したり、熱帯魚にエサあげたり、のんびり過してるよ。

小田　　へー、熱帯魚飼ってるんだ。

ハヌル　　うん。心が癒されるよ。あのさ、それはともかく、今週の日曜日、
　　　　　忙しい?

小田　　今週は何も予定ないよ。

ハヌル　　あのね‥‥。もしよかったら、デートしてもらえないかな。

小田　　まじで!? もちろんいいよ。ていうか超嬉しいんだけど。

ハヌル　　ほんと? よかったー。じゃあどこに行こうかな‥‥。

小田　　じゃあとりあえず、12時に渋谷でいいかな。渋谷まで来られる?

ハヌル　　うん。もちろん行けるよ。12時ね。楽しみ～!

小田　　俺もだよ。誘ってくれてありがとうね。じゃあおやすみ。

ハヌル　　うん。おやすみ～。내 꿈꿔♡

小田　　え、何て言ったの?

ハヌル　　内緒。おやすみ～!

🔵 어구해설방

どうしよう 어떡하지?	心臓 심장	止まる 멈추다	思いきる 큰 맘 먹다
かける 걸다　案ずるより生むが易し 일이란 실제로 해보면 미리 걱정했던 것보다 쉬운 법이다		
習う (학교 등에서 지식이나 기술을)배우다	元気 원기, 힘	間違える 틀리다
くれる (다른 사람이)주다	休みの日 쉬는 날	そんな感じ 그런 식	掃除 청소
熱帯魚 열대어	エサ(えさ, 餌) 먹이	あげる (다른 사람에게)주다
のんびり 느긋하게	過す 지내다	飼う (동물 등을) 키우다　心 마음
癒される 위안이 되다, 위로 받다		もしよかったら 혹시 괜찮다면
もらう 받다	ていうか ～라기 보다　とりあえず 일단(회화체)　誘う 권유하다
おやすみ 잘자	内緒 (개인적이고 가벼운) 비밀	

117

수급표현

1. 본동사의 경우

S₁(話者)+S₂·₃(他人)に	やる あげる さしあげる	내가 타인에게	주다 주다(드리다) 드리다
S₂·₃(他人)+S₁(話者)に	くれる くださる	타인이 나에게	주다 주시다
S₁(話者)+S₂·₃(他人)に	もらう いただく	내가 타인에게	받다 받다(받잡다)

2. 보조동사의 경우

S₁(話者)+S₂·₃(他人)に	てやる Vてあげる Vてさしあげる	내가 타인에게	V해 주다 V해 주다(드리다) V해 드리다
S₂·₃(他人)+S₁(話者)に	Vてくれる Vてくださる	타인이 나에게	V해 주다 V해 주시다
S₁(話者)+S₂·₃(他人)に	Vてもらう Vていただく Vさせてもらう Vさせていただく	타인이 나에게 내가 타인에게	V해 주다 V해 주시다 V해 주다 V해 드리다

☞위의 경우 Vてやる/Vてあげる/Vてさしあげる 등은 화자가 크게 선심 써서 <~해주
다, ~해드린다>는 뜻이 있으므로 오용의 가능성이 높아 사용하는데 주의해야 한다.
그리고 Vてもらう/Vていただく등은 일본어적인 표현으로 매우 흔히 쓰는 중요한 표
현이라고 할 수 있다. 우리말로 직역하면 V해 받다 V해 받다(받잡다)이지만 어색하므
로 S2·3(他人)가 S1(話者)에게~해주다 ~해 주시다 라고 번역해야 한다.

1 ～ちゃった…。今度こそ…。　　　～하고 말았다… 다음엔… 꼭

  ❶ ふられる　　　　　　　　❷ 失敗する

  ❸ 朝寝坊(を)する　　　　　　❹ リバウンド

2 Vてくれるなんて、Aな。　　　～해주다니,～하다

  ❶ 電話する・嬉しい　　　　　❷ 一緒に行く・心強い

  ❸ ほめる・ありがたい　　　　❹ OKする・感動的だ

3 ～たり、～たり、～過ごしてる(よ)。
　　　　　　　　　　～하기도 하고, ～하기도 하고, ～하게 지내

  ❶ 買い物(を)する・映画(を)見る・ブラブラ

  ❷ テレビ(を)見る・昼寝(を)する・ダラダラ

  ❸ 宿題(を)する・バイト(を)する・バタバタ

  ❹ テニスを楽しむ・カラオケに行く・元気に

4 もしよかったら、～てもらえないかな。혹시 괜찮다면 ～해줄 수 없을까?

  ❶ デートする　　　　　　　❷ 今すぐ来る

  ❸ お金を貸す　　　　　　　❹ 日本語に訳す

5 じゃあ～にV(よ)うかな‥　　　자,～로～할까…

  ❶ どこ・行く　　　　　　　❷ 何・食べる

  ❸ どれ・選ぶ　　　　　　　❹ どっち・入る

6 Vてくれてありがとうね。　　V해주어 고맙다.

① 貸(か)す

② 褒(ほ)める

③ 聞(き)く

④ 教(おし)える

7 V(さ)せていただきます　　V드리겠습니다.

① ご案内(あんない)する

② それでは、一曲歌(いっきょくうた)う

③ 尋(たず)ねる

④ 発表(はっぴょう)する

◉ 관람차 (요코하마, 横浜(よこはま))

대화연습방

🏆 다음과 예와 같이 대화해 봅시다.

> 今まで出会った友達3人に、感謝の言葉を伝えましょう。
> (지금까지 만났던 친구 3명에게 감사의 말을 전합시다.)

> (예) ハヌルちゃん、あの時、助け**てくれてありがとうね**。

1.
2.
3.

Q	A
もしよかったら、デートしてもらえないかな。	もちろんいいよ。 / ごめん。それはちょっと無理かな。
友達と話してみましょう。	
肩をもむ	
ごはんをおごる	
いっしょに写真を撮る	
考えてみましょう(생각해봅시다)	

19 明るい感じにしたいんですけど。

デートを前にして、ハヌルがスミといっしょに美容室に行きます。

데이트를 앞두고, 하늘이가 수미와 함께 미용실에 갑니다.

< 美容室で >

美容師	今日はどうしましょうか。

スミ　　こないだストパーかけたんですけど、あんまり気に入らなくて···。

ちがうパーマはどうかな…。

美容師　でも今パーマをかけると、せっかくサラサラの髪が痛んでしまいま

すよ。

スミ　　じゃあもう、丸坊主にしちゃいます！

美容師　お客さん、本気ですか?

スミ　　冗談ですよー。じゃあ、とりあえず、前髪は今伸ばしてるからその

ままで、サイド
と後はばっさり
短めに切っち
ゃってください。

美容師　今日はどうしましょうか。

ハヌル　カラーリングして、明るい感じにしたいんですけど。

美容師　カットはどうしますか?

ハヌル　襟足は少し長めで、ボブっぽくしてもらえますか。

　　　　それから、全体的にシャギーを入れてください。

● 어구해설방

ストパー(ストレートパーマ) 스트레이트 파마		痛む 상하다	あんまり 별로(회화체)		せっかく 모처럼
サラサラ 살랑살랑			丸坊主 빡빡머리		本気 본심
冗談 농담		前髪 앞머리	伸ばす 기르다		そのまま 그대로
サイド 옆머리		ばっさり 싹둑	短め 비교적 짧게		切る 자르다
カラーリング 염색		明るい 밝다	感じ 분위기, 느낌		カット 컷
襟足 목덜미		長め 비교적 길게	ボブ 보브		
～っぽい ～같다(꼭 닮은 것이 아니라 그런 풍이 나다)			全体的 전체적		シャギー 샤기

接続詞

1. 첨가의 의미

①それから(그리고 나서)	②そして(그리고)	③それに(게다가)
④しかも(더구나)	⑤その上(게다가) ⑥なお(또한)	⑦ならびに(및)
⑧また(또)	⑨おまけに(게다가) ⑩かつ(또)	

① お茶と紅茶、それからコーヒーもお願いします。

② 朝早く起きて部屋で勉強した。そして昼までそこで勉強した。

③ そのバイトは楽だし、それに時給も満足だ。

④ 彼は親切だ。しかも人柄がいい。

⑤ あそこのレストランは高いし、その上まずい。

⑥ なお、日本ではチップ制がほとんど存在しない。

⑦ ご住所ならびにお名前をお書き下さい。

⑧ 外国へ行く人もいれば、帰省する人もいる。

⑨ 彼は英語もできる。おまけに日本語も上手だ。

⑩ 彼は私の親友であり、かつライバルでもある。

2. 선택의 의미

①または(또는)	②あるいは(혹은)	③もしくは(또는)	④それとも(그렇지 않으면)

① 電車またはバスをご利用いただきます。

② 雪は11月、あるいは12月から降る。

③ ボールペンもしくは万年筆で書いてください。

④ 中止すべきか、それとも延期すべきか。

3. 순접의 의미

①だから(그래서)	②それで(그래서)	③そこで(그래서)
④したがって(따라서)	⑤すると(그러자)	⑥ですから(그러니까)

❶ 今日は祭だ。だから、街は人でいっぱいだ。

❷ 彼は勉強家だ。それで、成績もクラスで一番だ。

❸ 電話が鳴った。そこで電話の方へ飛んでいった。

❹ 彼は怠けものだ。したがっていつも貧乏である。

❺ 雨があがった。すると虹が出た。

❻ 彼は真面目です。ですから信じてください。

4. 역접의 의미

①しかし(그러나)	②けれども(하지만)	③ところが(그런데)
④だが(그런데)	⑤それでも(그래도)	⑥それにしても(그렇다손치더라도)
⑦しかしながら(그러나)	⑧が(하지만)	⑨それなのに(그런데도)
⑩でも(하지만)	⑪だって(하지만)	⑫ところが(그런데)
⑬にもかかわらず(그럼에도 불구하고)		

❶ 年賀状を出した。しかし、返事は来ていない。

❷ 春が来た。けれどもまだ寒い。

❸ 天気予報では雨だそうだ。ところが一日中いい天気である。

❹ 彼はいつも勉強している。だが成績はなかなか上がらない。

❺ いろいろ説明してもらった。それでも、さっぱり分からない。

❻ ガソリン代が驚くほど上がった。それにしてもこれといった打開策がない。

❼ その方法はすばらしいと思う。しかしながら実現は不可能だと思う。

❽ あの店は値段は安い。が、品質がは保障できない。

⑨ 私はいつも彼との約束を守て来た。それなのに彼は私との約束は守らない。

⑩ 日本語は勉強しやすい。でも漢字語だけは面倒くさい。

⑪ A: どうして行かなかったの。B: だって、ひどい雨が降ってたじゃん。

⑫ 皆は彼が勝つと思った。ところが彼は完全に負けてしまった。

⑬ 日本は先進国である。にもかかわらず、多くの国民は生活が厳しい。

5. 부연설명의 의미

①つまり(즉)　②すなわち(다시말해서)　③ただし(단)　④もっとも(하긴)

❶ 日本語教師は即ち外国人に日本語を教える人のことです。

❷ 団塊の世代はすなわち、ベビーブームに生まれた世代である。

❸ 外出は自由だ。ただし、門限は厳しい。

❹ 彼の成績はすばらしい。もっとも、毎日勉強し続けてきたからだが。

1 ～たんですけど、あんまり気に入らなくて…
～했지만 별로 맘에 안 들어서…

① 自分で作る　　　② 作文を書く
③ 帽子を買う　　　④ 模様替えをする

2 せっかく～が(を)～で(て)しまいますよ
～모처럼 ～이, 가(을, 를) ～하고 말지요

① のチャンス・逃す　　　② 書いた原稿・なくす
③ きれいに咲いた花・誰かが取って行く
④ の努力・水の泡になる

3 ～っぽくしてもらえますか。　　～처럼 해줄 수 있나요?

① 女優　　　② アイドル
③ ハリウシド・スター　　　④ やくざ

👄 다음과 같이 대화해 봅시다.

Q
1. 今日はどうしましょうか。
2. 前髪は?
3. サイドは?
4. 襟足は?
5. 全体的な雰囲気は?   (女優に例えると?)

A
カットでお願いします。
長めでお願いします。
考えてみましょう(생각해봅시다)
考えてみましょう(생각해봅시다)
っぽくしてもらえますか。

◎ 일본의 미용실

일본에서 머리를 자르고 싶으면 어떻게 해야 될까? 우선, 확실한 것은 한국어가 통하는 미용실은 거의 없다는 사실이다. 다만, 아예 없다는 것은 아니다. '어떻게든 한국어로 설명하고 싶다'는 사람을 위해, 먼저 한국어가 가능한 미용실을 소개하고자 한다.

미용실(위치)	전화번호	요 금	비 고
우리 미용실 (東京・新大久保)	03-5337-5 695	컷트: 학생1500엔, 일반2000엔 파마7000엔~ / 염색 7000~	모든 스탭이 한국인이다. JR신오쿠보역 근처에 위치하고 있다.
참고URL		http://www.townpita.com/clients/0203083799/map	

반대로 '일본어로 대화하면서 머리를 자르고 싶다'는 사람이 우선 궁금한 것은 가격이 아닐까? 일본 미용실의 가격은 일반적으로 컷트가 4000엔부터 비싼 데는 6000엔 정도이며, 파마는 7000엔~10000엔 정도이다.

그리고 일본 미용실을 이용할 때는 한국과 마찬가지로 미리 전화를 해서 예약을 하고 가는 게 좋다. 예약을 할 때는 (짧게 대화를 끝내고 싶으면) 다음과 같이 말하면 될 것이다. 「すみません。○月○日の○時にカットの予約をしたいんですが。」그리고 상대방이 이름을 물어보면 「○○と申します」라고 한다.

어느 미용실로 갈지는 인터넷(http://beauty.hotpepper.jp) 등을 이용하면 되는데, 일반적으로 유명한 미용실을 몇 개 소개하면 다음과 같다.

미용실(위치)	전화번호	요 금	비 고
TAYA INTERNATIONAL (東京・表参道)	03-5474-4510	컷트:5775엔부터	지하철 明治神宮前역에서 도보로 5분.
クレージュ 青山店 (東京・青山)	03-3400-9010	컷트:6300엔부터	지하철 表参道역 B1번 출구에서 도보 1분.
アルフレッド パシフィック (大阪・北堀江)	06-6535-9339	컷트:5450엔부터	지하철 四ッ橋역에서 도보로 3분.
ALAN 心斎橋本店 (大阪・心斎橋)	06-6251-2808	컷트:4500엔부터	지하철 心斎橋역에서 도보로 5분.
ロビン博多駅前店 (福岡・博多)	092-431-4453	컷트:5040엔부터	JR博多역 博多출구에서 도보로 1분(아사히 빌딩 지하 1층)

설명하는 것이 어려울 경우에는 잡지 등의 사진을 가져가서 「こんな感じにしてください」(이런 분위기로 해주세요)라고 하면 된다.

20 好きなんです。

ハヌルがオダショーに告白します。
하늘이가 오다쇼에게 고백합니다.

<渋谷で>

ハヌル　ごめん、待った?

小田　　ううん。俺も今来たところだよ。あれ、髪型変わったね。

ハヌル　ふふ。今日のために変えてみたの。似合うかな。

小田　　似合う似合う。かわいいよ。ほれちゃうかもしれない。

ハヌル　ありがとう。お世辞でも嬉しいよ。

小田　　お世辞じゃないよー。ところで、どこ行こうか?

ハヌル　遊園地行きたい！

<遊園地で>

ハヌル　あ、あのジェットコースターに乗ろうよ。

小田　　(俺、絶叫マシーンとか苦手なんだよな…)う、うん。

ハヌル　もしかして、怖いの?

小田　　そ、そんなことない
　　　　よ。楽しすぎて気絶
　　　　するかも。

ハヌル　なにそれ(笑)。早くい
　　　　こいこ！

小田　ギャーーーーー降ろしてくれ〜〜！！

ハヌル　キャーーーーー！超楽しい〜！！

<観覧車で>

ハヌル　今日はほんとに楽しかった。ありがとうね。

小田　こちらこそ。俺もほんとに楽しかったよ。

ハヌル　ねえ、オダショー。

小田　ん?

ハヌル　私、オダショーが好きなの。

小田　俺も、ハヌちゃん好きだよ。でも、ほんとに俺でいいの？

ハヌル　いいに決まってるじゃん。いいどころか、大好き。だから、私と付き合って。

小田　なんか感動だな…。俺、最初に会った時に、ひと目ぼれしたんだよ。

ハヌル　ほんと??私もだよ。あー　超幸せ。

小田　じゃあ、これから、よろしくね。ハヌル。

ハヌル　うん。こちらこそよろしくね。昌一。

◎ 어구해설방

待つ 기다리다	ところ 참, 터	髪型 헤어스타일	変わる 변하다, 바뀌다
〜のために 〜을/를 위해	変える 바꾸다	似合う 어울리다	かわいい 귀엽다
ほれる 반하다	〜かもしれない 〜ㄹ지도 모른다		お世辞 빈말
嬉しい 기쁘다	遊園地 유원지	ジェットコースター 롤러코스터	
乗る 타다	絶叫マシーン (절규 머신) 무서운 놀이기구		怖い 무섭다
〜すぎる 너무 〜하다, 지나치게 〜하다		気絶する 기절하다	降ろす 내리게 하다
〜でいい 라도 좋다	〜に決まって(い)る 당연히 〜다		〜どころか 〜(기)는커녕
大好き 아주 좋아하다	だから 그러니까	付き合う 사귀다	感動 감동
最初 처음, 최초	ひと目ぼれする 한눈에 반하다		幸せ 행복하다
これから 앞으로			

助動詞

～う～よう

1. 의미

의미	권유/勧誘(かんゆう)	의지/意志(いし)	추측/推量(すいりょう)
해석	～하자	～하려고, ～해야겠다	～할 것이다. ～하겠지

2. 접속

V1(5段動詞)＋う	V2(1段動詞)＋よう	V3(変格動詞)＋よう
語尾를 オ段으로 변환 후	ル를 탈락시키고	する→し・くる→こ

3. 활용

전혀 안 함

4. 용례

품사별		권　유	의　　지	추　　측
동사	乗(の)る	のろう(타자)	のろう(타려고)	のろう(탈 것이다)
	暮(くら)す	くらそう(살자)	くらそう(살려고)	くらそう(살 것이다)
	起(お)きる	おきよう(일어나자)	おきよう(일어나려고)	おきよう(일어날 것이다)
	食(た)べる	たべよう(먹자)	たべよう(먹으려고)	たべよう(먹을 것이다)
	来(く)る	こよう(오자)	こよう(오려고)	こよう(올 것이다)
	する	しよう(하자)	しよう(하려고)	しよう(할 것이다)
형용사	大(おお)きい	×	×	おおきかろう(클 거다)
형용동사	好(す)きだ	×	×	すきだろう (좋아할 것이다)
조동사	だ	×	×	だろう(～일 것이다)
	です	×	×	でしょう(～일 것입니다)
	ます	ましょう(합시다)	ましょう(하려고)	ましょう(～하겠지요)

～まい

1. 의미

의미	부정의 권유	부정의 의지	부정의 추측
해석	～하지 말자	～하지않겠다, ～하지말아야지	～하지않을 것이다. (않겠지)

2. 접속

V1(5段動詞)	V2(1段動詞)＋よう	V3(変格動詞)＋よう
終止形	未然形	する→しまい・するまいくる →こまい・くるまい

3. 활용

전혀 안 함

4. 용례

동사의 종류	부정의 권유	부정의 의지	추　　측
乗(の)る	のるまい (타지말자)	のるまい (타지않겠다/말아야지)	のるまい＝のらないだろう (타지 않겠지/않을 것이다)
読(よ)む	よむまい (읽지 말자)	よむまい (읽지않겠다/말아야지)	のるまい＝のらないだろう (읽지 않겠지/않을 것이다)
見(み)る	おきまい (보지말자)	おきまい (보지않겠다/말아야지)	のるまい＝のらないだろう (보지 않겠지/않을 것이다)
寝(ね)る	ねまい (자지말자)	ねまい (자지않겠다/말아야지)	のるまい＝のらないだろう (자지 않겠지/않을 것이다)
来(く)る	こまい＝くるまい (오지말자)	こまい＝くるまい (오지않겠다/말아야지)	こまい＝くるまい (오지 않겠지/않을 것이다)
する	しまい＝するまい (하지말자)	しまい＝するまい (하지않겠다/말아야지)	しまい＝するまい (하지 않겠지/않을 것이다)

1 俺も今~たところだよ。　　　~나도 지금 막 ~한 참이야

① 聞く　　　　　　　　② 着く

③ 気付く　　　　　　　④ 送る

2 ~のためにVてみたの。似合うかな。　~ 때문에 V해 보았어. 어울릴까

① あなた・買う　　　　② 君・作る

③ けんじ君・用意する　④ さくらちゃん・頼む

3 ~ちゃうかもしれない。　　　~하고 말지도 몰라

① ほれる　　　　　　　② きれいに忘れる

③ 酔っぱらう　　　　　④ どこかに消える

4 ところで、~ ~(よ)うか?　　~그런데 ~ ~할까

① どこ・行く　　　　　② どっち(に)・する

③ 何時(に)・来る　　　④ どれ・食べる

5 A,AN(어간)すぎてVかも。　　~너무~해서 ~할지도 몰라

① 楽しい・気絶する　　② 高い・一文なしになる

③ 悲しい・ひきこもる　④ 勝手だ・人に嫌われる

6 今日はほんとにAかった。　　~오늘은 정말 ~했어

① 楽しい　　　　　　　② いい

③ 面白い　　　　　　　④ 忙しい

7   A,Vに決(き)まってるじゃん   ~하고 말고

① いい   **②** 一緒(いっしょ)に行(い)く

③ やばい   **④** 気(き)にいる

8   ~どころか、~。   ~하기는 커녕

① いい・大好(だいす)き   **②** 失敗(しっぱい)する・みごとに成功(せいこう)した

③ 朝寝坊(あさねぼう)をする・一番早(いちばんはや)く着(つ)いている **④** 尊敬(そんけい)する・見(み)くびっている

📷 도쿄 아사쿠사(浅草)의 하나야시키

다음과 같이 대화해 봅시다.

Q	A
どこ行こうか?	(遊園地)行きたい!
何・食べる	アイスクリーム
いつ・会う	今すぐ
どの映画・見る	全部

Q	A
勉強、好き?	(好き)に決まってるじゃん。
アイスとケーキ、どっちが好き?	(アイス)に決まってるじゃん。
友達と話してみましょう。	
学校、楽しい?	
お菓子とお酒、どっちが好き?	
考えてみましょう(생각해봅시다)	

고오베의 차이나 타운 낭킴마치 (神戸・南京町)

일본에는 수많은 유원지가 있는데, 1990년대 중반에 버블 경기가 붕괴한 뒤, 많은 시설들이 없어지고 말았다. 그런 의미에서는 지금까지 살아남은 유원지들은 그만큼의 매력이 있기 때문이라고 할 수도 있을 것이다.

일본 유원지라고 하면 어디가 떠오를까? 대부분 '디즈니랜드'나 '유니버설 스튜디오'가 생각이 날 텐데, 그 외에도 여러 가지 특색이 있는 소위 'テーマパーク'(테마 파크)들이 있으므로, 그 중 몇 곳을 같이 살펴보기로 하겠다.

1. 富士急ハイランド(山梨県)

무서운 '절규 머신'이 많은 것으로 유명하다. 기네스북에 실려 있는 놀이기구도 있다. 겨울에는 세계에서 가장 큰 아이스 스케이트장이 개설된다.

富士急ハイランド

2. 東映太秦映画村(京都府)

시대극의 촬영장을 개방한 곳으로, 에도시대의 분위기를 느낄 수 있다. 시설 내부의 거리에는 사무라이가 걸어 다니며 쇼도 보여준다.

東映太秦映画村

3. アドベンチャーワールド(和歌山県)

광대한 사파리, 수족관, 동물원, 유원지, 고래 쇼 등이 한 곳으로 모여 있다. 이렇게 넓은 테마 파크는 일본에서도 드물다.

アドベンチャーワールド

21 <ruby>道頓堀<rt>どうとんぼり</rt></ruby>はどう
行けばいいですか。

<ruby>大阪<rt>おおさか</rt></ruby>と<ruby>福岡<rt>ふくおか</rt></ruby>へ<ruby>旅行<rt>りょこう</rt></ruby>に<ruby>行<rt>い</rt></ruby>ったハヌルとスミが、<ruby>道<rt>みち</rt></ruby>をたずねます。

오사카와 후쿠오카에 여행을 간 하늘이와 수미가 길을 물어봅니다.

 model dialog 1

< <ruby>大阪<rt>おおさか</rt></ruby>で >

ハヌル　　すみません。

おばさん　はいはい、なんです?

ハヌル　　<ruby>道頓堀<rt>どうとんぼり</rt></ruby>はどう<ruby>行<rt>い</rt></ruby>けばいいですか。

おばさん　ああ、<ruby>姉<rt>ねえ</rt></ruby>ちゃんら、<ruby>外人<rt>がいじん</rt></ruby>さんかいな。

スミ　　　はい。<ruby>韓国<rt>かんこく</rt></ruby>から<ruby>来<rt>き</rt></ruby>ました。

おばさん	そうかいな。しかしあんたら、ほんまにべっぴんさんやねぇ。
	ま、うちほどやないけどな。ははは。
スミ	ありがとうございます‥‥。ところで、道頓堀は…。
おばさん	ああ、そうや。この道をずーっとまっすぐ行って、1つ目の横断歩
	道をわたると、橋が見えるんやけどな。そのあたりが道頓堀や。
ハヌル	おおきに。
おばさん	あ、姉ちゃん、知らん男にナンパされても、ついて行ったらあかん
	で。

◉ 어구해설방

～ば ～면	姉ちゃん 아가씨
～ら(표준어: たち) 들	外人さん(표준어: 外国の人) 외국사람
～かいな(표준어:[な]の) ～구나	そうかいな(표준어: そうなんだ) 그렇구나
ほんま(표준어:ほんとう) 정말	べっぴんさん(표준어:美人) 미인
うち(표준어:わたし) 나	～ほど ～만큼
～やない(표준어:～じゃない) ～가 아니다	そうや(표준어:そうだ) 그래
ずっと 쭉　　　　～目 ～째	横断歩道 횡단보도　　わたる 건너다
橋 다리	～んやけど(표준어:～んだけど) ～는데
あたり 부근	おおきに(표준어:ありがとう) 고마워요
知らん(표준어:知らない) 모른다	ナンパ 헌팅
ついて行く 따라가다	～たら あかん(표준어:～たら[ては] いけない) 아/어서는 안 된다
～で(표준어:～よ) 강조하는 어미	

＜福岡で＞

ハヌル	あの、すみません。
おじさん	なんね?
ハヌル	このあたりに、おいしいラーメン屋さんはありませんか?
おじさん	あんた、なんばいいよっと?博多のラーメンは、ぜんぶうまかとよ。
スミ	すみません…。
おじさん	わかればいいたい。あの交差点ば左に曲がって、2つ目の角ば右に曲がると、「華丸ラーメン」ちゅう、ばりばりうまか店のあるったい。そこ行き。
スミ	ありがとうございます。
おじさん	ばってん、あんたらほんとに日本語うまかねー。

◎ 어구해설방

なんね(표준어:なに) 뭐야?　　　　なんばいいよっと(표준어:何を言っているの) 무슨 소리 하는 거야?
うまかとよ(표준어:おいしいよ) 맛있거든　　　いいたい(표준어:いいよ) 좋아, 됐어
交差点 사거리　　　　　　　　～ば(표준어:～を) 을/를　　　曲がる (길을)돌다
角 길모퉁　　　　　　がば(표준어:とても) 아주　　　あるったい(표준어:あるよ) 있어요
ばってん(표준어:でも) 하지만, 그런데　うまかね(표준어:上手だね, うまいね) 잘 하네

1 ～はどうV(れ)ばいいですか。 ～은 어떻게 ～하면 됩니까?

① 新宿・行く
② この料理・食べる
③ この乗り物・乗る
④ 書類・書く

2 ～ほどやないけどな ～만큼은 아니지만 말이야(오사카사투리)

① うち
② きみ
③ あんた
④ あれ

3 ～をわたると、～が見えるんやけどな。
～를 건너면 ～이/가 보이는데 말이야(오사카사투리)

① 1つ目の横断歩道・橋
② 橋・交番
③ 交差点・うどんや
④ 踏み切り・吉野屋

4 ～に～ても、Vたらあかんで。 ～에게～하더라도 V하면 안돼(오사카사투리)

① 知らん男・ナンパされ・ついて行く
② 知らん人・さそわれ・ノコノコついて行く
③ 不審者・話しかけられ・聞く
④ 年寄・しかられ・怒る

대화
연습방

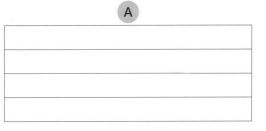

다음과 같이 대화해 봅시다.

友達と話してみましょう。

Q	A
(図書館)は、どう行けばいいですか。	
売店	
学生食堂	
あなたのお家	

📷 도오톰보리(道頓堀)의 명물인 개성적인 간판들

일본에는 47개의 지방이 있으며, 그 모두를 소개할 수는 없다. 그래서 방학 때 하늘이와 수미가 여행 갔던 大阪를 소개한다.

서일본의 중심지 大阪(おおさか)

오사카역 주변의 고층빌딩

645년, 孝徳(こうとく)천황은 難波宮(なにわのみや)(현재의 大阪市)로 수도를 옮겨 궁전을 만들었다. 이것이 일본 최초의 본격적인 수도 건설이었다. 그 후에도 大阪는 경제도시로서 발전하여, 면적은 전국에서 2번째로 좁은 데도 인구밀도는 2번째로 많을 정도로 많은 사람들이 밀집하고 있다.

현재 일본은 모든 것들이 東京(とうきょう)로 집중하는 추세이지만, 大阪(おおさか)는 여전히 모든 면에서 서일본지방의 중심지이며, 그 경제규모(GDP; 지역 내 총생산)는 약 41조엔으로, 호주의 국가 경제규모에 육박할 정도이다.

또한, 大阪(おおさか)는 한국과 인연이 깊은 도시이기도 하다. 難波宮(なにわのみや) 시대에도 한반도에서 많은 사람들이 건너왔고, 그 교류의 역사를 알 수 있는 흔적들이 지금도 남아 있다. 예를 들어 大阪(おおさか)의 枚方市(ひらかたし)에는 4~5세기에 일본에 한자나 유교를 전한 왕인(王仁)박사를 기념하는 「王仁公園(こうえん)(공원)」이 있고, 백제(百済)에서 건너온 사람들이 많았기 때문에 지금도 「百済駅(역)」「南百済小学校(초등학교)」 등이 있다..

또 大阪(おおさか)는 전쟁 중에 제주도 직행의 배가 있었던 관계로 재일 동포가 많은 것으로도 유명하다. 특히 大阪市(おおさかし) 生野区(いくのく)는 4명 내지 5명 중의 1명은 국적이 한국이라고 할 정도로 교포가 많다.

오사카성

이처럼 일본의 가장 오래된 대도시이면서 경제의 중심지이고, 한국과 인연이 깊다는 여러 얼굴을 가지고 있는 大阪(おおさか)는, 東京(とうきょう)는 물론 다른 지방 또 색다른 분위기가 있다. 따라서 일본에는 속어로 「大阪人(おおさかじん)」이라는 말이 있고, 대학에서 「大阪学(おおさかがく)(오사카학)」을 강의하는 교수도 있을 정도이다.

또한, 京都(きょうと)와 神戸(こうべ), 奈良(なら)까지 모두 1시간 거리라는 점에서도 大阪(おおさか)는 관광하기에 편한 도시이다.

> **홈페이지** 大阪관광정보(한국어) http://www.osaka-info.jp/ha

22 今朝からお腹がきりきり痛むんです。

体の具合が悪くて、病院へ行きます。
몸 상태가 안 좋아서 병원을 갑니다.

医者　どうされましたか。

ハヌル　今朝から、お腹がきりきり痛むんです。

医者　熱はありませんか。

ハヌル　はい。ありません。

医者　じゃあ、下痢などの症状は?

ハヌル　ありません。でも、昨日の夜は胃がむかむかしました。

医者 うーん。これは…

ハヌル え?何か重い病気ですか??

医者 いえ、ただの食べ過ぎのようですね。

ハヌル そ、そうですか…。確かに昨日は食べ過ぎました。

医者 じゃあ薬を出しておきますから、1日3回、食後に飲んで下さい。

ハヌル わかりました。ありがとうございます。

医者 お大事に。

◎ 어구해설방

今朝 오늘아침	お腹 배	きりきり 찌르듯이	痛む 아프다
熱 열	下痢 설사	症状 증상	胃 위
むかむか 메슥거리다	病気 병	食べ過ぎ 과식	薬 약
食後 식후	お大事に 몸조심 하세요		

인체人の体に関한 어휘

髪の毛 머리 가락   頭 머리   顔 얼굴

額(おでこ) 이마   眉毛 눈썹   まつ毛 속눈썹

目 눈   耳 귀   瞼 눈꺼풀

鼻 코   口 입   唇 입술

歯 이   頬(ほっぺた) 뺨   あご 턱

首 목   喉 목구멍   肩 어깨

胸 가슴   脇 겨드랑이   腕 팔

肘 팔꿈치   手 손   指 손가락, 발가락

爪 손톱, 발톱   腹(お腹) 배   へそ 배꼽

腰 허리   尻(お尻) 엉덩이   足 발, 다리

太股 허벅지   ひざ 무릎   脛 정강이

ふくらはぎ 장딴지   つま先 발끝   かかと 발꿈치

くるぶし 복사뼈   足の裏 발바닥   脳 뇌

心臓 심장   腎臓 신장   肝臓 간

胃 위   腸 장   血管 혈관

骨 뼈

1 昨日の夜は〜が〜しました。　　어제 밤은 〜가(이)〜했습니다.

① 胃・むかむか　　　　　② 手・びりびり

③ 頭・くらくら　　　　　④ 体・ぞくぞく

2 今朝から、〜が〜痛むんです。　　아침부터〜가 〜합니다.

① お腹・きりきり　　　　② 頭・ちくちく

③ 眼・じんじん　　　　　④ 歯・ずきずき

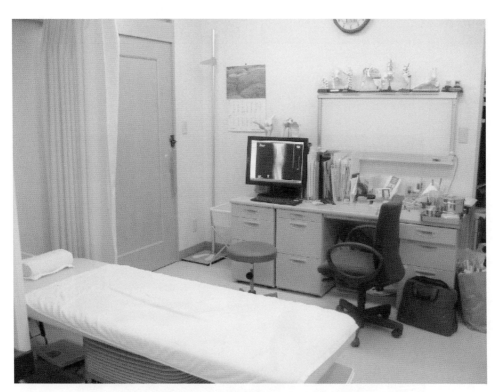

📷 일본 병원의 진찰실

다음과 같이 대화해 봅시다.

Q	A
どうしましたか?	昨日から、お腹が下っているんです。 (어제부터 설사가 납니다) (一昨日・吐気がする) (今朝・熱がある) (昨日の夜・頭が痛い)

Q	A
もしもし、119番です。 どうしましたか?	救急車を一台、お願いします。 友達が、(骨を折って)、(動けません)。 (お腹が痛い・動けない) (倒れた・意識がない)

◉ 일본의 구급차

만일, 일본에서 아파서 도저히 일본어로 설명을 못할 때 어떻게 해야 될 것인가? 외국에서 아픈 것만큼 불안한 일도 없지만, 은근히 일본에는 한국어가 통하는 병원이나 의료 서비스가 있다. 여기서 그 중 몇 군데를 소개하고자 한다.

1. 토오쿄오 근교

AMDA国際医療情報センター (전화상으로 한국어로 병원을 소개해준다)	☎ 03-5285-8088 (월~금 9:00~17:00)
東京都外国語医療情報サービス (전화상으로 한국어로 병원 및 의료제도에 대해 안내해준다.)	☎ 03-5285-8181 (월~금 9:00~20:00)
전화에 의한 의료기관을 위한 통역 서비스(긴급시)	☎ 03-5285-8185 (월~금 17:00~22:00, 토·일·공휴일 9:00~22:00)
東京都消防庁インフォメーションデスク(일본어와 영어만)	☎ 03-3212-2323(24시간)
職安通りクリニック 부인과, 내과, 피부과	☎ 03-5273-8231

2. 오오사카 근교

李(이)クリニック 내과	☎ 06-6292-0155
青洲会診療所 내과, 소호기과, 외과, 정형외과, 형성외과, 피부과, 방사선과	☎ 06-6713-9592
たにまち鈴木クリニック 형성외과, 미용외과, 피부과	☎ 06-6776-8966
ドクターしんのこどもクリニック 소아과	☎ 06-6865-7722
キム医院 내과, 소화기과, 순환기과, 호흡기과, 소아과, 방사선과, 마취과, 재활훈련과	☎ 06-6752-4567
荒本平和診療所 안과, 치과, 내과, 외과, 소아과, 성형외과, 피부과, 방사선과	☎ 06-6787-1571

3. 한국어가 가능한 스탭 또는 의사가 있는 전국 대학병원

東北大学(센다이시)	☎ 022-717-7000	東京大学(도쿄)	☎ 03-3815-5411
東京医科歯科大学(도쿄)	☎ 03-3815-5411	新潟大学(니이가타현)	☎ 03-5803-4554
山梨医科大学(야마나시현)	☎ 055-273-1111	京都大学(교토)	☎ 075-751-3111
岡山大学(오카야마현)	☎ 086-223-7151	広島大学(히로시마현)	☎ 082-257-5555
徳島大学(도쿠시마현)	☎ 088-633-9107	九州大学(후쿠오카현)	☎ 092-641-1151
鹿児島大学(가고시마현)	☎ 099-275-5111	琉球大学(오키나와현)	☎ 098-895-3331

23 すぐに伺わせます。

ホテルで、お湯が出ないのでフロントに電話をします。
호텔에서 뜨거운 물이 안 나와서 프론트에 전화를 합니다.

スミ　　　あの、すみません。お風呂のお湯が出ないんですが。

フロント　大変申し訳ございません。すぐに担当者を伺わせます。

—電話を切る—

ハヌル　　え、お湯出ないの?別にいいじゃん。水でシャワーすれば。

スミ　　　ちょっと、何言ってるの?わたしに風邪ひかせる気?

　　　　　じゃあハヌちゃんも水でシャワーするの?

ハヌル　　やだよー。無理無理。わたしはスミと違ってかよわいから。

スミ　　　何それ。ケンカ売ってんの?

ハヌル　　じゃあ私、先にお風呂入るね。

—1時間後—

スミ　　　ちょっとー、いつまで待たせるの?早くしてよ。

ハヌル　　もうすぐ出るから。なんでそうやってあせらせるの?お風呂ぐらい、ゆっくり入らせてよね。

🞊 어구해설방

お風呂 욕조, 욕실, 목욕	お湯 뜨거운 물	大変 대단히	申し訳ございません 죄송합니다
すぐ(に) 즉시, 바로	担当者 담당자	伺う 찾아뵙다	シャワー 샤워
風邪(を)ひく 감기(에) 걸리다	やだ 싫어(회화체)	無理 무리
違う 다르다	かよわい 가냘프다	けんかを売る 싸움을 걸다	先に 먼저
もうすぐ 곧	あせる 초조해하다	〜てよね 〜주란 말이야

1 すぐに~を(に)~(さ)せます。　곧~도록 하겠습니다.

1 担当者 · 案内する
2 係員 · 詫びる
3 案内人 · 手伝う
4 ガイド · 伝える

2 わたしに~(さ)せる気?　~하게할 생각이야?

1 風邪ひく
2 嘘をつく
3 徹夜する
4 恥をかく

3 わたしはあなたと違って~から　~난 너하고는 달리~하니까

1 恥ずかしがりやだ
2 弱虫だ
3 恐がりだ
4 悲観的だ

4 何それ。~てんの?　뭐야、~하는 거야?

1 ケンカ売る
2 命令する
3 冗談(を)言う
4 やきもち(を)焼く

5 じゃあ私、先(に)~ね。　~그럼 나 먼저 ~할께

1 お風呂入る
2 トイレ入る
3 シャワー浴びる(使う)
4 部屋に戻る

6 いつまで~の?早くしてよ。　언제까지 ~하게할 셈이야. 빨리 해라

1 待たせる
2 手伝わせる
3 こんな真似(を)させる
4 留守番(を)する

7 〜ぐらい、ゆっくり〜てよね。。　〜쯤 느긋하게 〜하게해주라.

① お風呂(ふろ)・入(はい)らせる　　② ご飯(はん)・食(た)べさせる

③ お茶(ちゃ)・飲(の)ませる　　④ 晩酌(ばんしゃく)・楽(たの)しませる

◎ 일본 온천 여관과 호텔과 일본 정원

🏆 다음과 같이 대화해 봅시다.

Q	A
別にいいじゃん。水でシャワーすれば。	ちょっと、私に風邪引かせる気?
別にいいじゃん。何も食べなければ。	(飢え死に)
別にいいじゃん。学校サボれば。	(落第)
別にいいじゃん。友達のテスト見れば。	(カンニング)

Q	A
私はハヌちゃんとちがって、かわいくないから。	そんなことないよ。
私はハヌちゃんとちがって、美人だから。	何それ、ケンカ売ってんの?
友達と話してみましょう。	
私は　　　ちゃんとちがって、　　　から。	

◎ 1890년에 오픈한 일본의 최고급 호텔인 테이코쿠 호텔(帝国ホテル)

일반적으로 일본의 초·중·고등학교에서는 3학기제를 채용하고 있다. 우리나라의 학교들은 대부분 3월 초에 입학하고 2월 말에 졸업하지만, 일본에서는 4월 초에 입학하고 3월 중순 무렵에 졸업한다. 이 중 4월초부터 7월 3째 주까지가 1학기, 9월초부터 12월 3째 주까지가 2학기, 1월 2째 주부터 3월 3째 주까지가 3학기이다.

한국도 일본도 수업과목이나 학교 행사는 비슷비슷하지만 예를 들어 고등학교의 남녀 공학률이 한국이 약 60%인데 비해 일본은 약 96%로, 큰 차이가 난다. 또한 일본 초·중·고등학교는 클럽 활동이 활발하며, 특히 많은 여학생들이 적극적으로 운동부에 소속하여 클럽활동에 참여하는 것은 한국과 다소 다른 모습이라 할 수 있다. 운동부에 소속한 학생들은 방학이 되면 학교에서 하루 종일 연습을 하거나 외부에서 합숙까지 하면서 연습에 구슬땀을 흘린다.

한편, 대학교는 '전기' '후기'의 2학기제로 운영되고 있다. 4월 초부터 7월말까지가 전기, 9월 중순부터 12월 말까지가 후기이며 이것이 끝나면, 보통 2주 정도 쉬었다가 1월 중순부터 말까지 기말고사가 있고, 그 후에야 본격적으로 방학으로 들어간다.

따라서 일반적으로 12월말의 짧은 휴가를 '冬休み(겨울방학)', 기말고사 뒤의 휴가를 '春休み'라고 한다.

일본 대학생들은 대학에 입학하면 공부와 아르바이트 외에 동아리(서클, 클럽)활동을 하느라 바쁘다. 대학 동아리들은 외국어 공부 동아리부터 '탐험부'나 '골프부', '요트부' 등 다양하다. 대학 동아리들 역시 방학 때는 합숙을 하는데 대학이니만큼 본격적인 운동부를 제외하면 대부분 중·고등학교보다 자유로운 분위기 속에서 친구들과의 교류를 즐긴다.

또한 3학년이 되면 '세미나'(ゼミ)가 시작된다. 'ゼミ'란, 교수가 많은 인원수를 상대로 일방적으로 하는 '강의'(講義)와 달리, 10명 정도의 작은 인원수로 이루어지는 발표 및 토론 주체의 수업을 말한다. ゼミ에 들어가기 위해서는 각 교수마다 연구주제가 정해져 있으므로 자기가 관심이 있는 분야의 ゼミ를 선택해서 신청하면 된다. 인기가 많은 ゼミ와 같은 경우에는 면접을 할 경우도 있다. ゼミ에 소속하게 되면 자기소개를 할 때도 자기의 소속 ゼミ까지 말하는 경우도 많다. 예를 들어 박교수의 ゼミ로 들어갔다면, '저는 ○○학부 ○○학과 박ゼミ의 ○○라고 합니다'--이런 식이다.

ゼミ에 소속된 학생을 'ゼミ生', 그 중의 책임자를 '칸지幹事'라고 하는데, ゼミ는 수업뿐만 아니라 'ゼミ合宿(합숙)' 'ゼミ旅行(여행)' 'ゼミコンパ(술자리)' 등, 교수도 포함한 친목을 위한 기회가 많은 것이 일반적이다. 그리고 그런 기회들이 ゼミ에 대한 소속감과 연대감을 강화시켜주는 역할을 하는 듯하다.

24 旅行をしたりして楽しかったです。

夏休みが終わり、久しぶりに先生や友人たちに会いました。
여름방학이 끝나고, 오랜만에 교수님과 친구들을 만났습니다.

ハヌル　　あ、先生！おひさしぶりです！

教授　　　ああ、ハヌルさん、ひさしぶりですね。

夏休みは楽しく過せましたか？

ハヌル　　はい。旅行をしたりして、楽しかったです。でも、本当はもっと色んな所に行こうと思ったんですけど、お金がなくて…。

教授　　　でもいい経験ができてよかったですね。

ハヌル　　はい。冬休みには、もっとたくさん旅行ができるように、バイトを増やすことにしました。

教授　　　そうですか。でも勉強もがんばってくださいね。

ハヌル　　あ、はい。

がんばりま

す…。

琢磨	お、スミじゃん。超ひさしぶり！
スミ	琢磨、元気だった?
琢磨	うん。ところでハヌちゃんは元気？あの子、彼氏と付き合い出してからちっとも連絡くれないから。
スミ	まだ付き合いはじめて間もないからね。オダショーさんって、結構やきもちやきらしいし。
琢磨	寂しいなぁ。また今度、みんなで遊ぼうよ。その彼もいっしょにさ。
スミ	そうだね。ハヌルにも言っとくね。

◎ 어구해설방

夏休み 여름방학　　　旅行 여행	～たりする ～거나하다　本当は 사실은
～うと思う ～려고 생각하다	経験 경험　　　　増やす 늘리다
～ことにする ～기로 하다	～出す/始める ～기 시작하다
間もない 얼마 안 된다 やきもち 질투	やきもちやき 질투가 심한 사람
寂しい 심심하다, 외롭다	

形式名詞

こと

ことの 다양한 쓰임	의 미
ことの起こりは二人の喧嘩だった。	일의 발단
午後から会議だということを忘れていた。	사 실
室内には土足で入らないこと。	명 령
まあ、かわいいペットだこと。	감 탄
彼女のことを愛している。	전 부
神戸へいったことがある。	경 험
日本語を話すことができる。	가 능
うまくなりたければもっとがんばること。	의 무
残念なことに雨だった。	~하게도
5分ごとに切り替えられる。	~마다
日記をつけることにしている。	습 관
アメリカへ赴任することになった。	결 론
心配することないよ。手伝うから。	필 요
欠席することがない。	경 우

1 ～たりして、～かったです。　　　～하기도 하며 ～했습니다.

① 映画を見る・面白い
② 思い出す・懐かしい
③ 一人で泣く・寂しい
④ 内緒がばれる・つらい

2 もっと～(よ)うと～たんですけど、～が～て… 좀더～하고 싶었지만 ～가～
해서

① 色んな所へ行く・思う・お金・ない
② いい大学に入る・がんばる・成績・足りない
③ いい部屋を探す・思う・家賃・高い
④ いい写真を撮る・する・天気・よくない

3 でもいい～が(に)～てよかったですね　하지만 ～가(를,에)～해서 다행이군요

① 経験・できる
② 天気・めぐまれる
③ 友達・会える
④ 話・聞ける

4 もっと～ように、～を～ことにしました。 더 하도록～을 ～하기로 했습니다.

① 役に立つ・腕・磨く
② いい会社・入社できる・勉強・がんばる
③ 朝の電車に間に合う・朝寝坊・しない
④ 元気になる・毎日運動・する

5 ～てからちっとも～(て)くれないから。～하고나서는 전혀 ～해 주지 않으니까

① 地元に帰る・手紙を出す
② お金を借りる・連絡する
③ 会社を辞める・メールする
④ 手紙を送る・返事

6 また今度、みんなで～(よ)うよ。　　～또 다음엔 다 함께 ～하자.

① 集まる　　　　　　　　　**②** 見に行く

③ 話し合う　　　　　　　　**④** 海でも行く

히메지성 (효고현, 세계문화유산)

🎤 다음과 같이 대화해 봅시다.

Q	A
週末は、楽しく過ごせましたか?	(映画を見)たり、(友達と食事をし)たりして、楽しかったです。
	バイトをする・宿題をする・忙しかった
	ボランティアをする・親の手伝いをする・充実していた
	テレビを見る・ゲームをする・暇だった
	考えてみましょう

Q	A
最近、新しく始めたことはありますか。(動詞＋はじめる)	(コンビニで)(働き)はじめました。
	ジムに・通う
	ダンスを・習う
	友達と話してみましょう。

※「～だす」는 갑작스럽게, 뜬금없이 일어난 일에 대해 많이 쓴다. 예를 들어「(急に)赤ん坊が泣き出した」(갑자기 아기가 울기 시작했다)「(急に)雨が降り出した」(갑자기 비가 내리기 시작했다) 등.

◉ 일본에서 가장 많은 노벨상 수상자(5명)를 배출한
쿄오토(京都) 대학

25 信じられない！

オダショーが電話をとらなかったことが原因で、ハヌルが怒っています。
오다쇼가 전화를 안 받아서 하늘이가 화냅니다.

ハヌル　　もしもし。何で昨日電話出てくれなかったの?

小田　　　ごめん。ちょっと友だちと飲んでたから。

ハヌル　　信じられない！どうせ私のことなんか、お酒飲めば忘れちゃうんで

　　　　　しょ。

　　　　　まさか、その友だちって、元カノ?

小田 　　変なこと言うなよ。そんなわけないだろ。

ハヌル 　だって…あの子、まだ昌一のこと好きらしいよ。

小田 　　関係ないよ。おれが好きなのは、ハヌルだけだよ。

ハヌル 　本当?それならいいけど…。ねえ、昌一。

小田 　　なに?

ハヌル 　どこにも行かないでね。

小田 　　行かないよ。ハヌルがいない生活なんて、俺には考えられないよ。

　　　　　だから、ずっと一緒にいような。

ハヌル 　うん。ずっと一緒にいようね。

🔊 **어구해설방**

何で 왜(회화체)	電話(に)出る 전화를 받다	どうせ 어차피	なんか 따위
元カノ 옛 여자 친구	変だ 이상하다	～な(よ) ～지 마	
そんなわけない 그럴 리가 없다		まだ 아직 ～らしい ～다고 한다	
関係 관계	～ないで 지 마라줘	生活 생활	ずっと 계속, 언제까지나
いような / いようね 있자 (남자말투/여자말투)			

形式名詞 <ruby>形式名詞<rt>けいしきめいし</rt></ruby> 형식명사

わけ

わけの 다양한 쓰임	의 미
<ruby>車<rt>くるま</rt></ruby>の<ruby>車輪<rt>しゃりん</rt></ruby>が<ruby>動<rt>うご</rt></ruby>く**わけ**を<ruby>考<rt>かんが</rt></ruby>えよう。	원 리
<ruby>突然<rt>とつぜん</rt></ruby><ruby>泣<rt>な</rt></ruby>き<ruby>出<rt>だ</rt></ruby>した<ruby>子供<rt>こども</rt></ruby>に**わけ**を<ruby>聞<rt>き</rt></ruby>いた。	이 유
<ruby>何<rt>なに</rt></ruby>かわけがありそうな<ruby>親子連<rt>おやこづ</rt></ruby>れが<ruby>来<rt>き</rt></ruby>た。	사 연
<ruby>子供<rt>こども</rt></ruby>はたまに**わけ**の<ruby>分<rt>わ</rt></ruby>からないことを<ruby>言<rt>い</rt></ruby>う。	의 미
そんなこと<ruby>意味<rt>いみ</rt></ruby>が<ruby>分<rt>わ</rt></ruby>かる**わけ**がない。	～할 리가 없다
<ruby>人気<rt>にんき</rt></ruby>があるから<ruby>行列<rt>ぎょうれつ</rt></ruby>ができる**わけ**だ。	～하는 셈이다
それを<ruby>許<rt>ゆる</rt></ruby>す**わけ**にはいかない。＝できない。	불가 능
<ruby>行<rt>い</rt></ruby>かない**わけ**にはいかない。＝せざるをえない	의 무

終助詞 <ruby>終助詞<rt>しゅうじょし</rt></ruby> 종조사

종조사의 접속

名詞	<ruby>本当<rt>ほんとう</rt></ruby>に<ruby>彼<rt>かれ</rt></ruby>が<ruby>犯人<rt>はんにん</rt></ruby>__か__。	정말로 그가 범인이냐?	의문
動詞	<ruby>入<rt>はい</rt></ruby>る__な__。	들어가지 마	금지
形容詞	おいしい__よ__。	맛있네	감동
形容動詞	<ruby>静<rt>しず</rt></ruby>かだ__な__。	정직하구나	감동
助動詞	<ruby>勉強<rt>べんきょう</rt></ruby>しよう__ぜ__。	공부를 하자	권유
助詞	お<ruby>前<rt>まえ</rt></ruby>だった__の__か。	자네 것이었나?	의문
終助詞	とてもおもしろい__わ__よ。	아주 맛있어	감동

か

의 문	どうなるだろう**か**。	어떻게 될까
반 어	そんな<ruby>映画<rt>えいが</rt></ruby>みるもの**か**。	그따위 영화 볼리가 있겠어?
권 유	<ruby>歩<rt>ある</rt></ruby>きましょう**か**。	걸을까?
탄 식	また<ruby>雪<rt>ゆき</rt></ruby>**か**。	또 눈인가?

힐 문	もっとがんばらない**か**。	좀더 분발하지 않을래?
다 짐	早^{はや}く来^きいよ。いい**か**。	더 빨리 와 알았지?
독 백	やっぱりやむをえない**か**。	역시 어쩔 수 없나?
질 문	本当^{ほんとう}に行^いくの**か**。	정말 가는 거냐?

な(あ)

금 지	迷惑^{めいわく}をかける**な**。	폐를 끼치지 마라.
희 망	わたしも食^たべたい**な**。	나도 먹고 싶다.
상냥한 명령	このドラマ見^み**な**よ。面白^{おもしろ}いから。	이 드라마 봐라. 재미있으니까.
상냥한 질문	君^{きみ}はどれにするのか**な**。	자네는 어느 것으로 할래?
가벼운 단정	ぼくがいけないと思^{おも}う**な**。	나는 안 된다고 생각하는데.

ね

동의 구함	虹^{にじ}がきれいです**ね**。	무지개가 예쁘군요.
가벼운 주장	いいと思^{おも}います**ね**。	좋다고 생각합니다.
가벼운 영탄	とてもおいし**ね**。	꽤 맛있네.
친밀한 질문	賢^{かしこ}い子供^{こども}さんです**ね**。	총명한 아이군요.

よ

다 짐	真面目^{まじめ}にするんです**よ**。	진지하게 하는 거요.
호 명	風^{かぜ}**よ**。吹^ふくな**よ**。	바람아 불지마라.
힐문 · 반발	どれに乗^のるんだ**よ**。	어떤 걸 타라는 거요?
권 유	さあ、行^いこう**よ**。	자아 가자.
명령 · 의뢰	はやくしろ**よ**。	빨리 해라.

さ

강한 주장	ぼくも言うさ。	나도 말한단 말야.
반문·반발	あなた、何を言うのさ。	당신, 뭐라는 거야?
가벼운 여정	あれがぼくの家さ。	저게 나의 집이야.

の

가벼운 단정	それは生花って言うの。	그것은 꽃꽂이라고 해.
명 령	さっさとするの。	냉큼 해.
질 문	なぜ、一人暮ししているの。	왜 혼자 사는 거야?

ぞ・わ・や・とも・かしら・こと・ぜ・けど・もの・ものか・ったら ・って・け

ぞ	다짐	じゃ、行くぞ。	자, 간다.	남성어 ×
わ	주장	わたしも行くわ。	나도 갈래.	여성어 ×
や	감동	これ、おいしいや	이것, 참 맛있네.	×
とも	주장	行くとも。	가고말고.	
かしら	의문	彼も一緒かしら。	그도 함께 할까?	
こと	감탄	まあ、すばらしいこと。	어머, 멋지다.	여성어
ぜ	주장	さあ、逃げようぜ。	자, 도망가자.	ぞ보다 약함×
けど	소망	これ、できればいいんだけど。	이것 할 수 있다면 좋겠는데.	
もの	반박	だって、疲れてたもの。	하지만, 피곤했던 걸.	여성어
ものか	반어	こんは映画なんか見るものか。	이런 영화따위 볼리가 있어?	もんか도 쓰임
ったら	반박	乗るったら、せかすなよ。	탄다니까. 보채지마.	×
って	전문	弟もやりたいって。	동생도 하고 싶다던데.	
け	회상	よく、そこで遊んだっけ。	자주 거기서 놀곤 했지.	
け	확인	それがいつごろだったけ。	그것이 언제였지?	

☞ 위 표에서 ×는 손윗사람에게는 쓸 수 없음을 나타낸다.

1 　何で昨日～てくれなかったの?　　～어째서 어제～해주지 않았어?

  ❶ 電話に出る　　　　　　　　　❷ 返事をする

  ❸ すぐ答える　　　　　　　　　❹ 理由を話す

2 　ちょっと～と～て(で)たから。　　잠깐 ～와 ～하고 있었기 때문에

  ❶ 友だち・飲む　　　　　　　　❷ 同僚・泳ぐ

  ❸ クラスメート・音楽を聞く　　❹ 彼氏・デートする

3 　どうせ～なんか、～(れ)ば忘れちゃうんでしょ。

  ❶ けんか・仲直り(を)する　　　❷ 息子のこと・麻雀をする

  ❸ 元カレ・新しい恋をする　　　❹ 思い出・時間が経つ

4 　～が(い)ない～なんて、考えられないよ。　　～가 없는 ～ 생각할 수 없어

  ❶ キムチ・生活　　　　　　　　❷ 友達・人生

  ❸ 愛・夫婦げんか　　　　　　　❹ 肉・カレーライス

대화연습방

🎤 다음과 같이 대화해 봅시다.

Q	A
(どこ)にも(行かない)でね。	行かないよ。
誰・言わない	
荷・食べない	
荷・しない	

考えてみましょう		
( )が いない/ない 学校生活なんて、考えられないよ。		
( )が いない/ない 人生なんて、考えられないよ。		

📷 토오쿄오 오다이바(東京・お台場)

　일본을 여행해보면, 「すみません」이라는 말을 하루에 몇 번이나 듣게 된다. 원래 「すみません」은 「済まない」= '해결되지 않다', 즉 상대방에게 미안한 일을 했기 때문에 마음이 불편하고 후련하지 못하다는 뜻이다. 그런 의미에서는 한국어의 '미안(未安)하다'와 비슷한 느낌이라고 할 수 있다.

　그런데, 막상 일본에 가보면 사람을 부를 때도 「すみません」, 선물을 받고 고마워도 「すみません」, 발을 밟아도 「すみません」, 심지어는 밟혀도 「すみません」.....뭐가 그렇게 미안한 건지, 이해가 안 갈 때도 있지만 그 만큼 일본의 언어생활은 상대방을 우선으로 만들어져 있다 하겠다.

　반면에, 이렇게 「すみません」이 많이 쓰이기 때문에 일본에서 사과해야 할 때 사과를 안 하면 오해를 받고나 관계가 불편해질 가능성이 있다. 그리고 한마디로 사과 표현이라고 해도 표현에 따라 '무게'가 다르기 때문에 적절하게 써야 한다. 따라서 여기서는 일본어의 주요한 사과표현을 약간 안 맞을 수도 있지만 이해를 돕는 차원에서 한국어와 대응시켜서 소개하기로 한다.

ごめん	미안
すまん	미안(남자말)
ごめんね	미안해
悪いけど / 悪いんだけど	미안하지만 / 미안한데
ごめんなさい	미안해요
すみません	미안합니다
申し訳ありません	죄송해요
申し訳ございません	죄송합니다
大変申し訳ございません	대단히 죄송합니다

　여기서 「ごめん(免)なさい」는 '용서해주세요'라는 의미가 어원에 있고, 「申し訳ございません」은 '드릴 말씀도 없습니다'라는 느낌이다. 한번, 드라마나 실제로 일본사람들이 말하는 것을 보면서 어떤 때에 어떤 표현을 쓰는지 관찰해보면 어떨까?

169

26 はっけよい！

<ruby>日<rt>に</rt></ruby><ruby>本<rt>ほん</rt></ruby>の<ruby>国<rt>こく</rt></ruby><ruby>技<rt>ぎ</rt></ruby>である<ruby>相<rt>す</rt></ruby><ruby>撲<rt>もう</rt></ruby>を<ruby>見<rt>み</rt></ruby>に<ruby>行<rt>い</rt></ruby>きます。

일본 국가인 스모를 보러 갑니다.

スミ	わあ、すもうの<ruby>選<rt>せん</rt></ruby><ruby>手<rt>しゅ</rt></ruby>って、やっぱり<ruby>大<rt>おお</rt></ruby>きいね。<ruby>審<rt>しん</rt></ruby><ruby>判<rt>ばん</rt></ruby>は<ruby>小<rt>ちい</rt></ruby>さいけど。
さくら	すもうでは、「<ruby>選<rt>せん</rt></ruby><ruby>手<rt>しゅ</rt></ruby>」じゃなくて、「<ruby>力<rt>りき</rt></ruby><ruby>士<rt>し</rt></ruby>」って<ruby>言<rt>い</rt></ruby>うんだよ。「<ruby>力<rt>ちから</rt></ruby>が<ruby>強<rt>つよ</rt></ruby>い<ruby>人<rt>ひと</rt></ruby>」っていう<ruby>意<rt>い</rt></ruby><ruby>味<rt>み</rt></ruby>。あとね、<ruby>審<rt>しん</rt></ruby><ruby>判<rt>ばん</rt></ruby>は「<ruby>行<rt>ぎょう</rt></ruby><ruby>司<rt>じ</rt></ruby>」って<ruby>言<rt>い</rt></ruby>うの。
ハヌル	あの<ruby>丸<rt>まる</rt></ruby>いのがリングでしょ？
さくら	そうそう。でもリングじゃなくて、<ruby>土<rt>ど</rt></ruby><ruby>俵<rt>ひょう</rt></ruby>って<ruby>言<rt>い</rt></ruby>うの。 あ、そろそろ<ruby>取<rt>と</rt></ruby>り<ruby>組<rt>く</rt></ruby>みが<ruby>始<rt>はじ</rt></ruby>まるよ。

行司	ひが～し～　かすが～おう～～　に～し～　はくろ～ざ～ん～
スミ・ハヌル	春日王がんばれ～！
行司	はっけよーい、のこった～！　の～こった～！ 春日王～！
ハヌル	やった～！さすが春日王。
スミ	ハヌル、さっきまで名前も知らなかったくせに。
さくら	今の決まり手は、小手投げだね。
ハヌル	何だかわからないけど、すもうって超おもしろーい！
スミ	ほんと。また来ようね。

◎ 어구해설방

すもう 씨름	選手 선수	審判 심판	力士 씨름선수
力 힘	あと 그리고(회화체, 덧붙여서 말할 때)		行司 씨름의 심판
丸い 둥글다	リング 링	土俵 씨름판	取り組み 씨름 경기
始まる 시작되다	東 동쪽	西 서쪽	やった 해냈다, 아싸
さすが 역시(좋은 뜻만)	決まり手 승부를 가린 수	小手投げ 상대의 팔을 휘둘러 잡아 던지는 기술	

接続助詞 접속조사

ば	冗談が通じなければ寒くなる。	농담이 통하지 않으면 썰렁해진다.
と	ボタンを押すと水が出ます。	버튼을 누르면 물이 나옵니다.
から	やばいから気をつけよう。	위험하니 주의 하자.
て(で)も	雨が降っても行きます。	비가 내려도 가겠습니다.
けれど	冬が来たけれど寒くない。	겨울이 왔지만 춥지 않다.
が	名前を聞いたが、忘れた。	이름을 들었지만 잊었다.
のに	気をつけていたのに滑っちゃった。	주의를 기울였는데 미끄러지고 말았다.
し	このカラオケは安いし、きれいだ。	이 노래방은 싸고 깨끗하다.
て	値段が高くて買えなかった。	값이 비싸서 살 수 없었다.
ながら	泣きながら笑っているのでおかしい。	울면서 웃고 있었기에 우스꽝스러웠다.
た(だ)り	雨が降ったりやんだりする。	비가 오락가락한다.
ものの	ベストを尽したもののだめだった。	최선을 다했지만 헛수고였다.
くせに	知っているくせに知らないふりをする。	알고 있으면서도 모른척한다.
ところで	急いだところで、もう間に合わないだろう。	서둘러봤댔자, 이미 늦을 것이다.
なり	彼を見るなり、飛び出した。	그를 보자마자 뛰어나갔다.
や	聞くやいなや泣き出した。	듣자마자 울음을 터뜨렸다.
どころか	安いどころか高くて買えなかったよ。	싸기는커녕 비싸서 살수가 없었다.
とも	険しくとも進もう。	험난하다 해도 나아가자.
た(だ)って	買おうたって買わせないぞ。	사려해도 사게 하지않겠다.

係助詞 계조사

は	제시	冬は夜が長い。	겨울은 밤이 길다.
	구별	これは本で、あれは雑誌だ。	이것은 책이고 저것은 잡지이다.
	강조	おいしくはない。	맛있지는 않다.
	반복	帰省してはすぐ帰っていく。	귀향해서는 곧 돌아간다.
も	유추	今日も風が吹いた。	오늘도 바람이 불었다.
	병렬	見掛も中身もいい。	외관상도 내용도 좋다.
	강조	数万人もの観客がつめかけてきた。	수 만명의 관객이 몰려들었다.
	예시	猿も木から落ちる。	원숭이도 나무에서 떨어진다.
こそ	강조	これこそ本物だ。	이거야말로 진짜다.
	강조	分からないからこそ質問するのだ。	모르기 때문에 묻는 것이다.
さえ	한정	夫婦喧嘩は犬さえ喰わない。	부부싸움은 개조차 안먹는다.
	유추	君さえ行くなら私も行く。	자네만 간다면 나도 간다.
でも	유추	誰でもできる。	누구라도 할 수 있다.
	예시	散歩にでも行こうか。	산책이라도 갈까?
だって	유추	ぼくにだってできる。	나도 할 수 있다.
しか	한정	二人しかできなかった。	두 사람밖에 할 수 없었다.
って	제시	七夕っていつのこと。	칠석이라니 언제를 말 하는거야?
	제시	あなたってひどい人だわ。	당신이란 독한 사람이군요.

まで	종점	故郷まで行く。	고향까지 간다.
	유추	子供にまでできるものだ。	아이도 할 수 있는 것이다.
	한도	やってみたまでだ。	해본 것뿐이다.
	첨가	曇っているのに風まで吹いてくる。	흐렸는데 바람마저 불어온다.
ばかり	정도	一週間ばかり経った。	일주일 정도 지났다.
	한정	ただ笑ってばかりいた。	그저 웃고만 있다.
	직전	届くばかりになっている。	막 배달하려는 참이다.
	직후	届いたばかりです。	막 배달했습니다.
だけ	한정	やれるだけやるつもりだ。	할 수 있는 만큼 해 볼생각이다.
	댓가	誇るだけあってみごとだ。	자랑할 만큼 멋지다.
ほど	대강	これほどの寒さで負けるもんか。	이정도의 추위로 지겠는가?
	정도	彼ほど偉い人がそんな事を。	그만큼의 위대한 사람이 그런 짓을?
くらい	한도	うちまで3キロぐらいある。	집까지 3킬로 정도 떨어져 있다.
	기준	君ぐらい真面目な人はいない。	자네만큼 성실한 사람은 없다.
など	예시	筆箱には鉛筆やペンなどがある。	필통에는 연필이나 펜 따위가 있다.
のみ	한정	パンのみでは暮せない。	빵만으로는 살 수 없다.
なり	병렬	行くなりやめるなり好きにしなさい。	가든 말든 마음대로 해라.
	상응	私にも私なりの信念がある。	나에게도 내 나름대로 신념이 있다.
やら	불확실	一体どうなることやら。	대체 어떻게 될 것인지.
か	불확실	行くかどうか迷っている。	갈지 말지 망설이고 있다.
ずつ	할당	本は3冊ずつ持って来なさい。	책은 3권씩 갖고 오시오.
すら	예시	私ですら知らなかった。	나조차 몰랐다.
だの	병렬	本だの鉛筆だのが散らばっていた。	책이며 연필이며 흩어져 있었다.

문형연습방

1 ~では、~じゃなくて、~って言うんだよ。　~에서는 ~가 아니라,~라고 해

① 能・扇子・中啓

② 茶道・ご飯・懐石

③ 日本・アルバー・バイト

④ 神宮・狛犬・神職

2 ~は~って言うの　　　　　　~은 ~라고 불러

① 審判・「行司」

② 選手・力士

③ チャンピオン・横綱

④ 勝ち越しの反対・負け越し

3 さっきまで~も知らなかったくせに　　아까까지 ~도 몰랐던 주제에

① 名前

② 使い方

③ ルール

④ 単語の意味

4 何だかわからないけど、~って超~　~뭔지 잘 모르지만 ~란 게 진짜~

① 祭・にぎやかだ

② 躙口・低い

③ 落語・速い

④ お城・広い

5 ほんと。またV(よ)うね。　~맞아. 또~하자

① 見物する

② 泳ぐ

③ 手伝う

④ 考える

다음과 같이 대화해 봅시다.

Q	A
お寿司、おいしい?	(日本のお寿司)って、やっぱり(おいしい)ね。 (わさび)は(辛い)けど。
昨日、楽しかった?	ディズニーランド・楽しい・入場料・高い
テスト、どうだった?	あの先生のテスト・難しい・授業・楽しい
海、きれいだった?	沖縄の海・きれい・わたし・泳げない

◉ 스모 경기장인 료고쿠(両国) 국기관(고쿠기칸, 国技館)

우리나라에는 씨름이 있지만, 일본 相撲도 위성방송을 통해 볼 수 있고, 2004년에는 한국에서 경기를 한 적도 있기 때문에 간접적으로나마 비교적 쉽게 접할 수 있는 일본문화 중의 하나이다.

相撲의 기원은 확실하지 않지만 고분시대(3세기부터 7세기)의 토기에도 그 모양이 그려 져 있다고 하니 오랜 역사와 전통이 있는 경기라고 할 수 있다.

그런데 원래 相撲는 스포츠가 아니라 신 앞에서 강한 남자가 그 힘을 바치는 의식이었다 고 한다. 따라서 지금도 相撲에서는 다른 일본의 전통 격투기보다 예의 · 예절에 대해 엄격 하고, 독특한 가치관을 가지고 있다고 할 수 있다.

예컨대, 오오사카에서 프로 相撲(大相撲)의 경기가 있었을 때, 우승한 선수에게 당시의 오오사카부(府) 지사가 꽃다발을 주고 싶다고 했다가 거절당했다. 이유는 무엇일까? 그 지 사가 여성이었기 때문이다. 大相撲의 土俵(씨름판)에는 여성이 올라가지 못하게 되어 있기 때문이다. (하지만 아마추어 선수에는 여성도 있다)

이렇듯 相撲는 어떻게 보면 보수적인 면도 있는 한편, 국제교류에는 적극적인 면도 있으 며, 세계 각국에서 경기를 하거나, 과거에 일본인이 많이 이민을 간 남미 국가에는 스모오 협회가 있어 많은 현지 아마추어 선수를 육성하고 있다. 또한 요즘 大相撲에서는 해외 출신 선수들의 활약이 눈에 띠며, 한국, 몽고, 하와이, 유럽 등의 외 국인 선수들도 많은 인기를 모으고 있다.

또한, 우리나라에서 진짜 씨름 외에 '팔씨름'이라 는 말이 있듯이 일본에도 '腕相撲'(팔씨름), '紙相 撲'(종이 인형 씨름), '昆虫相撲'(곤충 씨름) 등 여러 가지 相撲가 있다.

相撲 경기가 그려진 우표

177

歌舞伎鑑賞

日本の伝統芸能である歌舞伎を見に行きます。
일본의 전통 연극인 카부키를 보러 갑니다

ハヌル	あ、淳一と琢磨じゃん。
スミ	何してるの?何か楽しそう。
淳一	いや、今から歌舞伎見に行くんだけど、いっしょに行く?
ハヌル	うーん。なんか難しそうだけど、行こうかな。
スミ	私も。こんな機会、めったにないし。
ハヌル	へえ、ここが歌舞伎の舞台かー。あの細い廊下みたいなのは何?
琢磨	あれは「花道」だよ。役者が、あそこを通って出たり入ったりするんだ。

スミ　　　わあ、衣装とかお化粧がすごく華やかだね。

ハヌル　　特にあの女の人、すごく綺麗！

淳一　　　あれは、「女形」っていう役割の、男の人だよ。

　　　　　歌舞伎には、男の人しかいないんだ。

ハヌル　　え、そうなの？でもあの人、スミよりよっぽど女らしいよ。

スミ　　　うるさいなー。

琢磨　　　まあまあ、けんかしないで楽しもうよ。

어구해설방

機会 기회	めったに 좀처럼	舞台 무대	細い 가늘다
廊下 복도	花道 가부키 극장에서 무대 왼편에서 객석을 건너질러 마련된 통로		
衣装 의상	(お)化粧 화장	華やかだ 화려하다	綺麗 아름답다, 예쁘다
女形 가부키에서 여자 역을 맡는 남자 배우		役割 역할	よっぽど 훨씬(회화체)
女らしい 여자답다	楽しむ 즐기다		

助動詞

〜そうだ

1. 의미

의미	양태/様態(ようたい)	전문/伝聞(でんぶん)
해석	〜할 것 같다. 〜할듯하다.	〜한다고 한다.

2. 접속

의미	양태/様態(ようたい)	전문/伝聞(でんぶん)
동사	ます形	終止形
형용사	語幹(イ를 빼고)	終止形
형용동사	語幹(だ를 빼고)	終止形
조동사	A(語幹)・V(ます形)・AV(語幹)	終止形

3. 접속례

의미	양태/様態(ようたい)	전문/伝聞(でんぶん)
동사	降りそうだ.　　　　내릴 것 같다.	降るそうだ.　　　내린다고 한다.
형용사	おいしそうだ.　　맛있을 것 같다.	おいしいそうだ.　　맛있다고 한다.
형용동사	しずかそうだ.　　조용한 것 같다.	しずかだそうだ.　조용하다고 한다.
조동사	行かなさそうだ. 가지 않을 것 같다.	行かないそうだ. 가지 않는다고 한다.

4. 특이한 접속례

구　　　분	양태/様態(ようたい)	전문/伝聞(でんぶん)
よい	気持がよさそうだ.	気持がいいそうだ.
ない	元気がなさそうだ.	元気がないそうだ.
おいしくない	おいしくなさそうだ.	おいしくないそうだ.
わからない	わからなそうだ.	わからないそうだ.

☞おいしくない의 ない는 보조형용사이고 わからない의 ない는 조동사이므로 접속이
　다르다.

5. 활용례

활용형	양태/様態(ようたい)		전문/伝聞(でんぶん)
未然形	風が吹きそうだろう。	바람이 불 것 같지	×
連用形	吹きそうだった。	불 것 같았다	×
	吹きそうでない。	불 것 같지 않다	吹くそうで 분다고 해서
	吹きそうになる。	불 것 같아진다	×
終止形	吹きそうだ。	불 것 같다	吹くそうだ。 분다고 한다
連体形	吹きそうなとき	불 것 같을 때	×
仮定形	吹きそうならば	불 것 같다면	×

～らしい

1. 의미

조동사: ～ 같다

접미어: ～ 답다

2. 접속

품사	기 본 형	접 속	해 석
동사	降(ふ)る	ふるらしい。	내릴듯 하다.
형용사	忙(いそが)しい	いそがしいらしい。	바쁜듯 하다.
형용동사	立派(りっぱ)だ	りっぱらしい。	훌륭한 것 같다.
조동사(과거)	行(い)った	いったらしい。	가버린 듯하다.
조사	明日(あす)まで	あすまでらしい。	내일까지인 듯하다.
명사	嘘(うそ)	うそらしい	거짓말인 것 같다.
부사	そう	そうらしい	그럴 것 같다.

☞ 접미어 ～らしい의 경우

男らしい男があまりいない。	남자다운 남자가 별로 없다
学者らしい学者も珍しい。	학자다운 학자도 드물다.
学生らしい学生もなかなかいない。	학생다운 학생도 좀처럼 없다.
女らしい女も見つけにくい。	여자다운 여자도 발견하기 어렵다.

3. 활용

連用形	けんかをするらしかった。	싸움을 하는듯 했다.
	けんかをするらしくなかったのに	싸움을 하는듯 하지 않았는데도
終止形	けんかをするらしい。	싸움을 하는듯 하다.
連体形	けんかをするらしいとき	싸움을 하는듯 할 때
仮定形	けんかをするらしければ	싸움을 할듯하면

4. 활용표

基本形	未然形	連用形	終止形	連体形	仮定形	命令形
らしい	×	らしかっ らしく	らしい	らしい	らしけれ	×
접속어	×	タ テ ナル	끝	トキ	(バ)	×

1 何してるの？何かA(어간)そう　　　～뭐하고 있어? A해보인다

❶ 寂しい
❷ おもしろい
❸ 忙しい
❹ つらい

2 今から～に行くんだけど、いっしょに　지금부터 ～하러 ～데 같이~할래?

❶ 映画を見る・行く
❷ 心斎橋・買い物する
❸ 写真を撮る・撮ってみる
❹ 散歩・歩く

3 なんかA(어간)そうだけど、V(よ)うかな。　～할 것 같지만 ～할까

❶ 暑い・行く
❷ 辛い・食べてみる
❸ 悲しい・見る
❹ 時間がかかる・探す

4 ～には、～しかいないんだ。　　～에는~밖에 없어

❶ 宝塚歌劇・女役者
❷ 生花・女
❸ 大相撲・男
❹ 家元・男

5 まあまあ、～ないで～V(よ)うよ。　　～자자 ～하지 말고 ～하자

❶ けんかする・楽しむ
❷ 怒る・許してあげる
❸ ごちゃごちゃ言う・取り掛る
❹ 文句を言う・がんばる

다음과 같이 대화해 봅시다.

Q	A
今から歌舞伎見に行くんだけど、いっしょに行く?	うーん。なんか難しそう。
今からケーキ食べに行くんだけど、いっしょに行く?	(太る)
(ホラー映画・見に行く)	(怖い)
(北海道に行く)	考えてみましょう
(東京大学に行く)	考えてみましょう

가부키 극장인 교토 미나미자 (京都·南座)

1. 歌舞伎의 역사

歌舞伎는 일본의 전통 연극이며, 중요무형문화재이다. 「歌舞伎」라는 말의 의미는 「특이한 차림을 하거나 행동을 하다」는 뜻의 「傾く」에서 온 것인데, 나중에 歌(노래), 舞(춤), 伎(연기)라는 한자를 사용하게 되었다.

歌舞의 기원(起源)은 16세기 말부터 17세기 초에, 島根県의 出雲大社라는 신사의 무녀(巫女)였다고 하는 出雲阿国가 京都에서 남자 분장을 하고 춤을 추고 노래를 불렀던 것(즉 특이한 분장과 행동)이 시작이라고 한다.

그런데 出雲阿国가 인기를 모으자, 그녀를 모방하는 사람들이 나와, 특히 유녀들이 연기하는 遊女歌舞伎나, 소년들이 연기하는 若衆歌舞伎를 하는 집단 중에서 매춘까지 하는 경우가 생기면서 이들의 공연이 모두 금지되고 말았다.

그래서 등장한 것이 성인 남자들만이 출연하는 野郎歌舞伎이다. 이 野郎歌舞伎에서는 남자 역할도 여자 역할도 모두 남자가 연기하는데, 여자가 출연하지 못한다는 제한된 환경과 오랜 전통 속에서 숙달되고 연마된 연기는 여자 역할을 하는 女形는 그것을 본 관객으로 하여금 '여자보다 아름답다'고 감탄시킬 정도까지 세련되었다.

2. 歌舞伎를 보려면?

현재 歌舞伎를 공연하고 있는 극장은 歌舞伎座(東京・銀座), 松竹座(大阪・道頓堀), 南座(京都・四条) 등 전국에 6 곳이 있는데, 가격은 자리에 따라 약 2,500엔부터 17,000엔 정도이다. 이 歌舞伎를 좀더 손쉽게 볼 수 있는 방법은 없을까? 여기서는 두 가지 방법을 소개한다. 한 가지는 「一幕見」이다. 歌舞伎는 공연시간이 4시간 정도 있는데, 몇 개 '막(장)'으로 이야기가 나눠져 있다. 「一幕見」는 그 한 장만 볼 수 있는 것이다. 이 제도를 이용하면 가격도 600엔~900엔 정도로 저렴하고 시간도 길지 않기 때문에 구경하기에는 딱 좋을 것이다. 다만, 이 一幕見는 歌舞伎座(東京・銀座)와 松竹座(大阪・道頓堀)밖에 없으며, 자리에 한계가 있기 때문에 당일 날 일찍가서 사야 한다. 또 하나의 방법은 가끔씩 東京의 国立劇場에서 「歌舞伎鑑賞教室」(가부키감상교실)가 열리는데, 2등석이면 1500엔으로 볼 수 있으며, 배우가 歌舞伎에 대해 해설까지 해준다. 이 감상교실은 国立劇場의 홈페이지에서 예약할 수 있다.

홈페이지	国立劇場(東京)	http://www.kabuki-za.co.jp
	歌舞伎座(東京・銀座)	http://ticket.ntj.jac.go.jp/top/index
	松竹座(大阪・道頓堀)	http://www.shochiku.co.jp/play/shochikuza/gekijyo/

28 あけまして おめでとうございます。

お正月を迎えて、さくらの家に新年のあいさつをしに行きます。
신정을 맞이하여 사쿠라네집으로 새해 인사를 드리러 갑니다.

スミ	あの、あ、あけてください、じゃなくて、えーと…。
ハヌル	あけましておめでとうございます！
スミ	そうだった‥。こ、今年もよろしくおねがいします！
さくらの父	おめでとう。こちらこそ、今年もよろしくね。さあ、中へどうぞ。
スミ・ハヌル	おじゃまします。

さくら　　　あ、ハヌル、スミ、あけおめ～！

スミ・ハヌル　あけおめ?

さくらの母　こら、さくら。新年のあいさつぐらい、ちゃんとしなさい。

　　　　　　ハヌルちゃん、スミちゃん、おせちもたくさんつくっておきました

　　　　　　から、遠慮せずにどうぞ。

スミ　　　　いただきまーす！

ハヌル　　　わあ、ほんとにおいしい！

さくらの父　ははは。それはよかった。はい、これはお年玉だよ。

スミ　　　　え、いいんですか?

さくらの父　もちろんだよ。二人のことは実の娘のように思っているからね。

ハヌル　　　お父さん…。ありがとうございます！

🔊 어구해설방

インターホン 인터폰	よく来たね 어서 와	あけましておめでとうございます 새해 복 많이 받으세요
あいさつ 인사	ちゃんと 제대로	おせち(料理) 신정 때 먹는 요리들
お年玉 세뱃돈	実の娘 친딸	

助動詞

~ぬ(ん)

1. 의미

의미	부정(打消・うちけし)의 뜻으로 ない와 같다.
해석	~하지 않는다.

2. 접속

종류	방법	실례
V1	어미를 あ段으로 바꾼 다음 접속	行かぬ・言わぬ・乗(の)らぬ
V2	る를 탈락시킨 다음 접속	見ぬ・食べぬ・寝ぬ
V3	する의 미연형(さ、せ、し)중 せ에 접속	せぬ
	くる의 미연형 こ에 접속	来(こ)ぬ

3. 활용표

基本形	未然形	連用形	終止形	連体形	仮定形	命令形
ぬ(ん)	×	ず	ぬ(ん)	ぬ(ん)	ね	×
이음말	×	二	×	トキ	バ	×

4. 활용례

활용형	실례	해석
連用形	本も読まず勉強もしない。	책도 읽지 않고 공부도 하지 않는다.
	本も読まずに知っているふりをする。	책도 읽지 않고 아는 척을 한다.
終止形	本も読まぬ	책도 읽지 않는다.
	本も読みません	책도 읽지 않습니다.
連体形	本も読まぬ(ん)とき	책도 읽지 않을 때
仮定形	本も読まねば	책도 읽지 않는다면

☞ 보기와 같이 고쳐봅시다.

 行く(오다)⇒行かぬ(오지 않는다) | 동사·동사형 조동사(未然形)＋ぬ

読(よ)む	
言(い)う	
死(し)ぬ	
待(ま)つ	
話(はな)す	
呼(よ)ぶ	
乗(の)る	
起(お)きる	
できる	
食(た)べる	
する	
来(く)る	
せる(させる)	
れる(られる)	
たがる	
ます	

1 ～ございます   ～합니다

❶ (お)めでたい   ❷ ありがたい
❸ (お)はやい   ❹ たかい
❺ うつくしい

2 お(ご)V(ます形)＋します(いたします)申し上げます ～V하겠습니다(겸양표현)

❶ 願う   ❷ 待つ
❸ 案内する   ❹ 知らせる

3 ～のことは～のように思っているからね   ～는～처럼 생각하고 있으니까

❶ きみ・実の息子   ❷ あなた・友だち
❸ お前・実の弟   ❹ 英語・母国語

🎙️ 다음과 같이 대화해 봅시다.

プレゼントをもらった時に使える自然な表現 선물을 받았을 때 쓸 수 있는 자연스러운 표현들	
はい、どうぞ。	え、いいんですか。
	わあ、すみません。ありがとうございます。
	ありがとうございます。感動です。
	開けてみてもいいですか。
	本当にありがとうございます。一生大事にします。

📷 신정 때 먹는 오세치 요리(お節料理)

29 就職活動
しゅうしょくかつどう

会社の面接を受けます。
かいしゃ　めんせつ　う

회사 면접을 봅니다.

面接官　次の方、どうぞ。
めんせつかん　つぎ　かた

ハヌル　失礼します。パク・ハヌルです。よろしくお願い致します。
しつれい　　　　　　　　　　　　　　　　　ねが　いた

面接官　どうぞ、おかけください。
めんせつかん

面接官　当社を希望した理由は何ですか。
めんせつかん　とうしゃ　きぼう　りゆう　なん

ハヌル　御社の「社会と世界の発展のために寄与する」との壮大な経営理念に
おんしゃ　しゃかい　せかい　はってん　　　　きよ　　　　　そうだい　けいえいりねん
感銘致しました。私に機会を頂けましたら、職場にあっては「なくて
かんめいいた　　わたし　きかい　いただ　　　　　　しょくば
はならない人材」に、地域においては企業として、お客様、また住民
じんざい　　ちいき　　　　　きぎょう　　　　きゃくさま　　じゅうみん
の方々にも喜んで頂けるよう、誠心誠意、尽くして参ります。
かたがた　よろこ　いただ　　　せいしんせいい　つ　　　まい

面接官　学生時代、頑張ったことは何ですか。

ハヌル　大学では日本語学を専攻したのですが、日本語を通して、「日本の心」を知ることに力を注ぎました。具体的には、古典文学から現代文学に至るまで、とにかくたくさん本を読みました。そして、その感想を教授や日本人の友人と語り合い、思索を深めて、ノートに書き留めました。そのノートは5冊になりましたが、私の大切な宝物です。

어구해설방

方 분	おかけください 앉으세요	当社 이 회사	希望 희망
理由 이유	御社 귀사	社会 사회	世界 세계
寄与する 기여하다	壮大だ 장대하다	経営 경영	理念 이념
感銘する 감명받다	致す 하다(겸양어)	頂く 주시다, 받다	職場 직장
～にあっては/～においては ～에 있어서는		なくてはならない 없어서는 안 되는	
人材 인재	地域 지역	企業 기업	～として ～(으)로서
お客様 손님, 고객님	住民 주민	方々 분들	誠心誠意 성심성의
尽くす 진력하다	参ります 학생시절	通して 통해	注ぐ 기울이다
具体的 구체적	古典 고전	現代 현대	文学 문학
至る 이르다	感想 감상, 소감	教授 교수	友人 우인
語り合い 대화를 나누다	思索 사색	深める 깊게 하다	ノート 노트
書き留める 적어놓다	～冊 ～권	大事だ 소중하다	宝物 보물

1. 경어동사(존경동사, 겸양동사)

보통어	존경어	겸양어
行く　　(가다)	おいでになる・いらっしゃる (가시다)	参る・あがる　　　　　　(가다)
来る　　(오다)	おいでになる・いらっしゃる (오시다)	参る・あがる　　　　　　(오다)
いる　　(있다)	おいでになる・いらっしゃる (계시다)	おる　　　　　　　　　　(있다)
する　　(하다)	なさる・遊ばす　　　　　(하시다)	いたす・申し上げる　　　(하다)
言う　　(말하다)	おっしゃる　　　　　(말씀하시다)	申す・申し上げる (말씀드리다)
食べる　(먹다)	めしあがる　　　　　　(잡수시다)	いただく　　　　　　　　(먹다)
見る　　(보다)	御覧になる　　　　　　(보시다)	拝見する　　　　　　　　(보다)
聞く　　(묻다)	お聞きになる　　　　　(물으시다)	伺う　　　　　　　　　(여쭙다)
やる　　(주다)	×	あげる・さしあげる　　(드리다)
くれる　(주다)	くださる　　　　　　　(주시다)	×
もらう　(받다)	お受け取りになる　　　(받으시다)	いただく　　　　　　　　(받다)
会う　　(만나다)	×	お目にかかる　　　　　　(뵙다)
着る　　(입다)	お召しになる　　　　　(입으시다)	×
知る　　(알다)	ご存じだ　　　　　　　(아시다)	存ずる　　　　　　　　　(알다)
聞く　　(듣다)	×	承る　　　　　　　　　　(듣다)
分かる　(알다)	×	畏まる　　　　(분부대로 하다)
借りる　(빌리다)	×	拝借する　　　　　　　(빌리다)
見せる　(보여주다)	×	お目にかける・御覧入れる　　　　　　　　　　　　　(보여드리다)
許してもらう (용서・허락을 얻다)	×	御免こうむる(용서를 얻다・실례를 무릅쓰다)
知らせる(알려주다)	×	お耳に入れる　　　(알려드리다)

2. 보조동사를 이용하는 방법

　특별히 경어동사가 없는 경우에는 보조동사를 이용한다.

　(1) 존경표현

お＋V(ます形)+になる　　～하시다

お読みになる　　　　　　　お書きになる　　　　　　お呼びになる

お起きになる　　　　　　　お読みになる

＜참고＞

お(ご)＋V(ます形)/N＋になる・なさる・遊ばす・くださる

お呼びになる(부르시다)・ご心配になる(걱정하시다)

お呼びになさる(부르시다)・ご心配なさる(걱정하시다)

お呼び遊ばす(부르시다)・ご心配遊ばす(걱정하시다)

お呼びくださる(불러주시다)・ご心配くださる(걱정해주시다)

お＋V(ます形)＋ください　　～해 주십시오

お待ちください　　　　お掛けください　　　　お持ちください　　　　ご遠慮ください

(2) 겸양표현

お＋V(ます形)＋する(いたす・もうしあげる)　　～하다

お願いする・お願いいたす・お願い申し上げる

お祈りする・お祈りいたす・お祈り申し上げる

お祝いする・お祝いいたす・お祝い申し上げる

3. 조동사를 이용하는 존경표현

V(未然形)＋れる・られる

読まれる　　　　　書かれる　　　　　泳がれる　　　　　笑われる

話される　　　　　起きられる　　　　食べられる

1 お＋V(ます形)＋ください　　　　～하십시오

① 待つ　　　　　　　② 座る

③ 持つ　　　　　　　④ 考える

2 ～で(て)頂けるよう、～て参ります　　～하시도록～하겠습니다

① 喜ぶ・誠心誠意、尽す　② 納得する・協議を重ねる

③ 信頼する・結果を出す　④ 満足する・ベストを尽す

3 ～ことに力を注ぎました。　　　　～하는 데에 힘을 쏟았습니다

① 消費者の理解を得る　② 両国の架け橋になる

③ 本音を知る　　　　　④ 喧嘩の原因を調べる

대화
연습방

다음과 같이 대화해 봅시다.

Q	A
何時頃、おいでになりますか。	(5時頃)
あの書類はご覧頂けましたか。	はい。
あのお話はお聞きになりましたか。	いいえ。
加藤さんをご存じですか。	はい。

Q	A
友達と話してみましょう。	
この大学を志望した理由は何ですか。	
高校時代、頑張った事は何ですか。	

◉ 나고야시(名古屋市)의 중심부

30 職場生活
しょく ば せいかつ

ハヌルが日本で職場生活を始めました。
にほん しょくばせいかつ はじ

하늘이가 일본에서 직장생활을 시작했습니다.

model dialog

ハヌル　お待たせ致しました。未来物産営業一課でございます。
　　　　ま いた み らいぶっさんえいぎょういっ か

顧客　　私、大道銀行の万表と申しますが、村上課長はいらっしゃいますか。
こきゃく わたし だいどうぎんこう まんびょう もう むらかみ か ちょう

ハヌル　お世話になっております。大変申し訳ございませんが、村上はただ今
　　　　せ わ たいへんもう わけ むらかみ いま

　　　　席を外しておりますので、何かご伝言がございましたら、承りますが。
　　　　せき はず なに でんごん うけたまわ

顧客　　いえ、伝言は結構です。
こきゃく でんごん けっこう

ハヌル　それでは、こちらから折り返しご連絡させて頂いてもよろしいでしょ
　　　　お かえ れんらく いただ

　　　　うか。

顧客　　はい。そうしてください。
こきゃく

ハヌル　かしこまりました。失礼致します。
　　　　しつれいいた

ハヌル 　課長、さきほど、大道銀行の万表様からお電話がありました。

課長 　そうか。何か伝言はあった?

ハヌル 　いえ、特にありませんでしたが、こちらから折り返しご連絡を差し上

　　　　げることになっています。

課長 　わかった。ありがとう。

課長 　パクさん、今日はもう帰ってもいいよ。

ハヌル 　はい。それではお先に失礼させて頂きます。

課長 　うん。明日は大事な得意先との取引があるから、よろしく頼むよ。

ハヌル 　はい。頑張ります。

어구해설방

お待たせ致しました 오래 기다리셨습니다	未来 미래　物産 물산
営業一課 영업1과	～と申します ～라고 합니다	いらっしゃる 계시다, 오시다
お世話になる 신세를 지다	～おります 있습니다의 겸양표현	ただいま 지금
席を外す 자리를 비우다	さきほど 방금	伝言 전언
折り返し 되짚어	差し上げる 드리다	
～ことになっている ～것으로 되고 있다		かしこまりました 알겠습니다
お先に 먼저	得意先 단골손님	取引 거래
頼む 부탁하다		

1 ～と申 (もう) しますが、～はいらっしゃいますか。

～라고 합니다만, ～는 계십니까

① 公認会計士 (こうにんかいけいし) の鈴木 (すずき)・田中部長 (たなかぶちょう)
② 弁護士 (べんごし) の渡辺 (わたなべ)・諏訪部課長 (すわべかちょう)
③ 取引先 (とりひきさき) の木村 (きむら)・伊藤係長 (いとうかかりちょう)
④ 三菱商事 (みつびししょうじ) の西村 (にしむら)・山本店長 (やまもとてんちょう)

2 こちらからV(さ)せて頂 (いただ) いてもよろしいでしょうか。

～이쪽에서 V드려도 될까요

① ご連絡 (れんらく) する
② お電話 (でんわ) する
③ ご案内 (あんない) する
④ 来 (く) る

3 こちらから～ことになっています。　이쪽에서～드리게 되었습니다

① ご連絡 (れんらく) を差 (さ) し上 (あ) げる
② ご説明 (せつめい) を申 (もう) し上 (あ) げる
③ ご案内 (あんない) を申 (もう) し上 (あ) げる
④ 伺 (うかが) う

4 それではお先 (さき) に～(さ)せて頂 (いただ) きます。　～그럼 먼저～하겠습니다.

① お詫 (わ) びする
② おいとまする
③ ご案内 (あんない) する
④ 乗 (の) る

다음과 같이 대화해 봅시다.

	Q		A
		いる →	お世話になっております。
	吉田部長はいらっしゃいますか。		少々お待ち下さいませ。
		(いない) →	
	吉田部長：何か伝言はあった?	(ない, 折り返し連絡) →	

伝言がある場合	
伝言の内容	伝え方
パターン① ～て下さい。 ～てほしいのですが。 ～ていただけますか	～てほしい、とのことです。
【例】 <u>3時までに商品を送って</u>下さい。	<u>3時までに商品を送って</u>ほしい、とのことです。
パターン② ～ました。	～たとのことです。
【例】 <u>2時に商品を発送</u>しました。	<u>2時に商品を発送した</u>とのことです。

저자약력

김용안

· 한국외국어대학교 동양어대학 일본어과 졸업
· 한국외국어대학교 대학원 일본어과 졸업 (문학박사)
· 현재 한양여자대학 일어통역과 교수

· 저서
『일본어』 동아출판사 1993
『나츠메 소세키에서 하루키까지』 공저 글로세움 2003
『키워드로 여는 일본의 響』 제이앤씨 2004
『日本語の旅』 제이앤씨 2006
『일본소설 명인명작 산책』 제이앤씨 2006

· 번역
재일동포작가 소설 김학영의 『흙의 슬픔(土の悲しみ)』 / 문예중앙 1996 봄호

伊藤貴雄(いとう たかお)

· 日本 創価大学 文学部 人文学科 卒業
· 서울대학교 대학원 국어교육과 석사과정 수료
· 서울대학교 대학원 종교학과 박사과정 재학 중
· 현재 한양여자대학 일어통역과 초빙교수

· 저서
『일본어 왕초보도 일본친구 사귄다』 공저, 시사일본어사
『韓国語を知らなくても韓国人と友達になる』 공저, 国書刊行会

· 번역
『韓国の大学の日本文化サークルを紹介します』한일문화커뮤니티 제작, 일본 국제교류기금 서울문
화센터 후원, 시사일본어사

생생 현장 일본어

초판인쇄 2008년 2월 22일   **초판발행** 2008년 2월 29일

공저 김용안 · 이토오 타카오 | **발행** 제이앤씨 | **등록** 제7-220호

132-040
서울시 도봉구 창동 624-1 현대홈시티 102-1206
TEL (02)992-3253 | FAX (02)991-1285
e-mail, jncbook@hanmail.net | URL http://www.jncbook.co.kr

·저자 및 출판사의 허락없이 이 책의 일부 또는 전부를 무단복제·전재·발췌할 수 없습니다.
·잘못된 책은 바꿔 드립니다.

ⓒ 김용안 · 이토오 타카오 2008 All rights reserved. Printed in KOREA

ISBN 978-89-5668-579-3 03730 | 정 가 15,000원

히라가나(平仮名)

あ	か	さ	た	な	は	ま	や	ら	わ	
a	ka	sa	ta	na	ha	ma	ya	ra	wa	

い	き	し	ち	に	ひ	み		り		
i	ki	shi	chi	ni	hi	mi		ri		

う	く	す	つ	ぬ	ふ	む	ゆ	る		
u	ku	su	tsu	nu	hu	mu	yu	ru		

え	け	せ	て	ね	へ	め		れ		
e	ke	se	te	ne	he	me		re		

お	こ	そ	と	の	ほ	も	よ	ろ	を	ん
o	ko	so	to	no	ho	mo	yo	ro	wo	N

가타카나(片仮名)

ア	カ	サ	タ	ナ	ハ	マ	ヤ	ラ	ワ	
a	ka	sa	ta	na	ha	ma	ya	ra	wa	

イ	キ	シ	チ	ニ	ヒ	ミ		リ		
i	ki	shi	chi	ni	hi	mi		ri		

ウ	ク	ス	ツ	ヌ	フ	ム	ユ	ル		
u	ku	su	tsu	nu	hu	mu	yu	ru		

エ	ケ	セ	テ	ネ	ヘ	メ		レ		
e	ke	se	te	ne	he	me		re		

オ	コ	ソ	ト	ノ	ホ	モ	ヨ	ロ	ヲ	ン
o	ko	so	to	no	ho	mo	yo	ro	wo	N

1) 히라가나 청음 연습

あ	い	う	え	お
あ	い	う	え	お
か	き	く	け	こ
か	き	く	け	こ
さ	し	す	せ	そ
さ	し	す	せ	そ

た	ち	つ	て	と
た	ち	つ	て	と
な	に	ぬ	ね	の
な	に	ぬ	ね	の
は	ひ	ふ	へ	ほ
は	ひ	ふ	へ	ほ

ま	み	む	め	も
ま	み	む	め	も

や		ゆ		よ
や		ゆ		よ

ら	り	る	れ	ろ
ら	り	る	れ	ろ

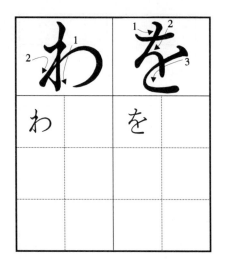

	わ		を	

	ん		っ	

あ	あ								
い	い								
う	う								
え	え								
お	お								
か	か								
き	き								
く	く								
け	け								
こ	こ								
さ	さ								
し	し								
す	す								
せ	せ								
そ	そ								

た	た								
ち	ち								
つ	つ								
て	て								
と	と								
な	な								
に	に								
ぬ	ぬ								
ね	ね								
の	の								
は	は								
ひ	ひ								
ふ	ふ								
へ	へ								
ほ	ほ								
ま	ま								
み	み								
む	む								
め	め								
も	も								
ら	ら								
り	り								
る	る								
れ	れ								
ろ	ろ								

や	や								
ゆ	ゆ								
よ	よ								
わ	わ								
を	を								
ん	ん								

2) 히라가나 탁음, 반탁음 연습

が	ぎ	ぐ	げ	ご
が	ぎ	ぐ	げ	ご
ざ	じ	ず	ぜ	ぞ
ざ	じ	ず	ぜ	ぞ

だ	ぢ	づ	で	ど
だ	ぢ	づ	で	ど

ば	び	ぶ	べ	ぼ
ば	び	ぶ	べ	ぼ

ぱ	ぴ	ぷ	ぺ	ぽ
ぱ	ぴ	ぷ	ぺ	ぽ

3) 히라가나 요음 연습

きゃ	きゅ	きょ	しゃ	しゅ	しょ
きゃ	きゅ	きょ	しゃ	しゅ	しょ

ちゃ	ちゅ	ちょ	にゃ	にゅ	にょ
ちゃ	ちゅ	ちょ	にゃ	にゅ	にょ

ひゃ	ひゅ	ひょ	みゃ	みゅ	みょ
ひゃ	ひゅ	ひょ	みゃ	みゅ	みょ

りゃ	りゅ	りょ	ぎゃ	ぎゅ	ぎょ
りゃ	りゅ	りょ	ぎゃ	ぎゅ	ぎょ
じゃ	じゅ	じょ	ぢゃ	ぢゅ	ぢょ
じゃ	じゅ	じょ	ぢゃ	ぢゅ	ぢょ
びゃ	びゅ	びょ	ぴゃ	ぴゅ	ぴょ
びゃ	びゅ	びょ	ぴゃ	ぴゅ	ぴょ

1) 가타카나 청음 연습

ア	イ	ウ	エ	オ
ア	イ	ウ	エ	オ

カ	キ	ク	ケ	コ
カ	キ	ク	ケ	コ

サ	シ	ス	セ	ソ
サ	シ	ス	セ	ソ

タ	チ	ツ	テ	ト
タ	チ	ツ	テ	ト
ナ	ニ	ヌ	ネ	ノ
ナ	ニ	ヌ	ネ	ノ
ハ	ヒ	フ	ヘ	ホ
ハ	ヒ	フ	ヘ	ホ

マ	ミ	ム	メ	モ
マ	ミ	ム	メ	モ
ヤ		ユ		ヨ
ヤ		ユ		ヨ
ラ	リ	ル	レ	ロ
ラ	リ	ル	レ	ロ

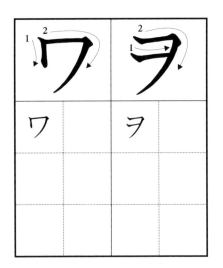

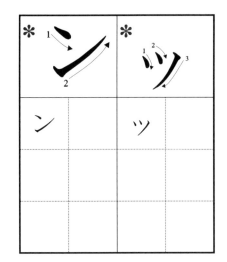

ア	ア								
イ	イ								
ウ	ウ								
エ	エ								
オ	オ								
カ	カ								
キ	キ								
ク	ク								
ケ	ケ								
コ	コ								
サ	サ								
シ	シ								
ス	ス								
セ	セ								
ソ	ソ								

タ	タ									
チ	チ									
ツ	ツ									
テ	テ									
ト	ト									
ナ	ナ									
ニ	ニ									
ヌ	ヌ									
ネ	ネ									
ノ	ノ									
ハ	ハ									
ヒ	ヒ									
フ	フ									
ヘ	ヘ									
ホ	ホ									
マ	マ									
ミ	ミ									
ム	ム									
メ	メ									
モ	モ									
ラ	ラ									
リ	リ									
ル	ル									
レ	レ									
ロ	ロ									

ヤ	ヤ							
ユ	ユ							
ヨ	ヨ							
ワ	ワ							
ヲ	ヲ							
ン	ン							

2) 가타카나 탁음, 반탁음 연습

ガ	ギ	グ	ゲ	ゴ
ガ	ギ	グ	ゲ	ゴ
ザ	ジ	ズ	ゼ	ゾ
ザ	ジ	ズ	ゼ	ゾ

ダ	ヂ	ヅ	デ	ド
ダ	ヂ	ヅ	デ	ド
バ	ビ	ブ	ベ	ボ
バ	ビ	ブ	ベ	ボ
パ	ピ	プ	ペ	ポ
パ	ピ	プ	ペ	ポ

3) 가타카나 요음 연습

キャ	キュ	キョ	シャ	シュ	ショ
キャ	キュ	キョ	シャ	シュ	ショ

チャ	チュ	チョ	ニャ	ニュ	ニョ
チャ	チュ	チョ	ニャ	ニュ	ニョ

ヒャ	ヒュ	ヒョ	ミャ	ミュ	ミョ
ヒャ	ヒュ	ヒョ	ミャ	ミュ	ミョ

リャ	リュ	リョ	ギャ	ギュ	ギョ
リャ	リュ	リョ	ギャ	ギュ	ギョ
ジャ	ジュ	ジョ	ヂャ	ヂュ	ヂョ
ジャ	ジュ	ジョ	ヂャ	ヂュ	ヂョ
ビャ	ビュ	ビョ	ピャ	ピュ	ピョ
ビャ	ビュ	ビョ	ピャ	ピュ	ピョ

단어연습

꽃	はな はな	はな はな	はな はな	はな はな
국화	きく きく	きく きく	きく きく	きく きく
장미	ばら ばら	ばら ばら	ばら ばら	ばら ばら
벚꽃	さくら さくら	さくら さくら	さくら さくら	さくら さくら
진달래	つつじ つつじ	つつじ つつじ	つつじ つつじ	つつじ つつじ
개나리	れんぎょう れんぎょう	れんぎょう れんぎょう	れんぎょう れんぎょう	れんぎょう れんぎょう

개	いぬ	いぬ	いぬ	いぬ
	いぬ	いぬ	いぬ	いぬ
고양이	ねこ	ねこ	ねこ	ねこ
	ねこ	ねこ	ねこ	ねこ
소	うし	うし	うし	うし
	うし	うし	うし	うし
말	うま	うま	うま	うま
	うま	うま	うま	うま
뱀	へび	へび	へび	へび
	へび	へび	へび	へび
새	とり	とり	とり	とり
	とり	とり	とり	とり

	はる	はる	はる	はる
봄	はる	はる	はる	はる
여름	なつ	なつ	なつ	なつ
	なつ	なつ	なつ	なつ
가을	あき	あき	あき	あき
	あき	あき	あき	あき
겨울	ふゆ	ふゆ	ふゆ	ふゆ
	ふゆ	ふゆ	ふゆ	ふゆ
아침	あさ	あさ	あさ	あさ
	あさ	あさ	あさ	あさ
밤	よる	よる	よる	よる
	よる	よる	よる	よる

사과	りんご りんご	りんご りんご	りんご りんご	りんご りんご
딸기	いちご いちご	いちご いちご	いちご いちご	いちご いちご
수박	すいか すいか	すいか すいか	すいか すいか	すいか すいか
귤	みかん みかん	みかん みかん	みかん みかん	みかん みかん
바나나	バナナ バナナ	バナナ バナナ	バナナ バナナ	バナナ バナナ
메론	メロン メロン	メロン メロン	メロン メロン	メロン メロン

 바다	うみ うみ	うみ うみ	うみ うみ	うみ うみ
 산	やま やま	やま やま	やま やま	やま やま
 바람	かぜ かぜ	かぜ かぜ	かぜ かぜ	かぜ かぜ
 구름	くも くも	くも くも	くも くも	くも くも
 비	あめ あめ	あめ あめ	あめ あめ	あめ あめ
 눈	ゆき ゆき	ゆき ゆき	ゆき ゆき	ゆき ゆき

의자	いす	いす	いす	いす
	いす	いす	いす	いす
책상	つくえ	つくえ	つくえ	つくえ
	つくえ	つくえ	つくえ	つくえ
사전	じしょ	じしょ	じしょ	じしょ
	じしょ	じしょ	じしょ	じしょ
잡지	ざっし	ざっし	ざっし	ざっし
	ざっし	ざっし	ざっし	ざっし
학교	がっこう	がっこう	がっこう	がっこう
	がっこう	がっこう	がっこう	がっこう
가방	かばん	かばん	かばん	かばん
	かばん	かばん	かばん	かばん

밥	ごはん	ごはん	ごはん	ごはん
	ごはん	ごはん	ごはん	ごはん
빵	パン	パン	パン	パン
	パン	パン	パン	パン
치즈	チーズ	チーズ	チーズ	チーズ
	チーズ	チーズ	チーズ	チーズ
도너츠	ドーナツ	ドーナツ	ドーナツ	ドーナツ
	ドーナツ	ドーナツ	ドーナツ	ドーナツ
햄버거	ハンバーガー	ハンバーガー	ハンバーガー	ハンバーガー
	ハンバーガー	ハンバーガー	ハンバーガー	ハンバーガー
쵸콜릿	チョコレート	チョコレート	チョコレート	チョコレート
	チョコレート	チョコレート	チョコレート	チョコレート

버스	バス	バス	バス	バス
	バス	バス	バス	バス
택시	タクシー	タクシー	タクシー	タクシー
	タクシー	タクシー	タクシー	タクシー
자전거	じてんしゃ	じてんしゃ	じてんしゃ	じてんしゃ
	じてんしゃ	じてんしゃ	じてんしゃ	じてんしゃ
지하철	ちかてつ	ちかてつ	ちかてつ	ちかてつ
	ちかてつ	ちかてつ	ちかてつ	ちかてつ
배	ふね	ふね	ふね	ふね
	ふね	ふね	ふね	ふね
비행기	ひこうき	ひこうき	ひこうき	ひこうき
	ひこうき	ひこうき	ひこうき	ひこうき

백화점	デパート	デパート	デパート	デパート
	デパート	デパート	デパート	デパート
호텔	ホテル	ホテル	ホテル	ホテル
	ホテル	ホテル	ホテル	ホテル
텔레비전	テレビ	テレビ	テレビ	テレビ
	テレビ	テレビ	テレビ	テレビ
라디오	ラジオ	ラジオ	ラジオ	ラジオ
	ラジオ	ラジオ	ラジオ	ラジオ
컴퓨터	パソコン	パソコン	パソコン	パソコン
	パソコン	パソコン	パソコン	パソコン
프린터	プリンター	プリンター	プリンター	プリンター
	プリンター	プリンター	プリンター	プリンター

미국	アメリカ	アメリカ	アメリカ	アメリカ
	アメリカ	アメリカ	アメリカ	アメリカ
영국	イギリス	イギリス	イギリス	イギリス
	イギリス	イギリス	イギリス	イギリス
프랑스	フランス	フランス	フランス	フランス
	フランス	フランス	フランス	フランス
독일	ドイツ	ドイツ	ドイツ	ドイツ
	ドイツ	ドイツ	ドイツ	ドイツ
캐나다	カナダ	カナダ	カナダ	カナダ
	カナダ	カナダ	カナダ	カナダ
스페인	スペイン	スペイン	スペイン	スペイン
	スペイン	スペイン	スペイン	スペイン

손수건	ハンカチ ハンカチ	ハンカチ ハンカチ	ハンカチ ハンカチ	ハンカチ ハンカチ
넥타이	ネクタイ ネクタイ	ネクタイ ネクタイ	ネクタイ ネクタイ	ネクタイ ネクタイ
스커트	スカート スカート	スカート スカート	スカート スカート	スカート スカート
바지	ズボン ズボン	ズボン ズボン	ズボン ズボン	ズボン ズボン
신발	シューズ シューズ	シューズ シューズ	シューズ シューズ	シューズ シューズ
샌달	サンダル サンダル	サンダル サンダル	サンダル サンダル	サンダル サンダル

はじめまして	처음 뵙겠습니다
はじめまして	はじめまして

こんにちは	안녕하세요?
こんにちは	こんにちは

さようなら	안녕히 가세요
さようなら	さようなら

すみません	미안합니다
すみません	すみません

ありがとうございます	감사합니다
ありがとうございます	ありがとうございます

どういたしまして	천만에요
どういたしまして	どういたしまして

おやすみなさい	안녕히 주무세요
おやすみなさい	おやすみなさい

おねがいします	부탁합니다
おねがいします	おねがいします